广东实验中学校本科研系列成果

物理科技与生活

WULI ·KEJI YU SHENGHUO

丛书主编　全汉炎
本册主编　曾　斌

广东高等教育出版社
Guangdong Higher Education Press
·广州·

图书在版编目（CIP）数据

物理科技与生活/曾斌主编. —广州：广东高等教育出版社，2017.6
（广东实验中学校本科研系列成果/全汉炎主编）
ISBN 978-7-5361-5922-8

Ⅰ. ①物… Ⅱ. ①曾… Ⅲ. ①中学物理课-教学研究 Ⅳ. ①G633.72

中国版本图书馆 CIP 数据核字（2017）第 131120 号

出版发行	广东高等教育出版社 地址：广州市天河区林和西横路 邮政编码：510500 电话：（020）87551597 http://www.gdgjs.com.cn
印　　刷	佛山市迎高彩印有限公司
开　　本	787 毫米×1 092 毫米 1/16
印　　张	6
字　　数	139 千
版　　次	2017 年 6 月第 1 版
印　　次	2017 年 6 月第 1 次印刷
定　　价	25.00 元

前　言

随着教育改革的深入，适合学生实际的校本课程就显得越来越重要。作者在广东省“十二五”规划“中学科技教育资源包的开发与研究”研究课题的基础上，结合本校校本教材的教学实践，编著了此校本教材。本书将物理知识与生活实际结合起来，把一些常见的生活现象做了进一步的阐述，同时结合科技活动，展示了学生的一些实际应用成果或科技比赛内容。本书的内容紧紧围绕高中物理知识，坚持知识的应用性和趣味性相结合。本书适量引用了相关的物理学史资料，其中包括重要的物理实验和有关科学家的成长过程和贡献。这样可增强物理学理论的真实感和生动感，有助于学生形成科学的学习方法和研究方法，更有利于激发学生的学习兴趣和培养学生的创新能力。全书将物理、科技与生活联系在一起，既具有很强的知识性，又拥有生活乐趣与实用性。无论在课堂教学还是在课外阅读，都具有极高的参考价值。

在本书的编著过程中，得到学校领导的大力支持，也得到了同事的鼎力帮助，在此一并感谢。感谢胡志坚老师、黄树柏老师以及物理科组的同事，他们在本书的编写过程中提供了很多的素材。感谢广东高等教育出版社的编辑老师为本书提供了很多专业性的建议。

在本书的编写过程中，作者充分体会到编写的困难和艰辛，但由于作者水平有限，加之时间仓促，缺点和疏漏一定不少，恳请广大读者批评指正。

编　者

目 录

第一章
桥梁的世界

一、学海拾贝

自古以来，人类的生活离不开桥梁。通过桥梁，我们可以省去翻山越岭，也可以实现通江达海、天堑变通途。所以桥梁给人类的生活带来了许多的便利，可以说，一部桥梁史完全可以反映人类文明进步的历程。

建筑与绘画、雕塑被称为三大造型艺术。其中，桥梁建筑和其他门类艺术有共同的特征，同时作为实用艺术，它又有自己独特的艺术特征，桥梁是功能价值与审美价值的统一体。

在桥梁中，物理科学又是必不可少的重要学问。正因为桥梁中的物理学的不断发展，才出现今天的“桥梁满天下”。所以学好桥梁中的物理学对我们研究桥梁有着非常重要的作用与意义。

（一）桥梁类型

首先介绍一些简单的桥梁知识。一根树干架在两岸就形成了一座最简单的单孔独木桥。其所承受的重力（竖直方向的）或外力（竖直方向或水平方向的），叫作荷载。树干作为梁，起承受重力的作用，在桥梁上就叫作“承重结构”。

如果木头的长度小于两岸的距离，则可在两岸之间设立一至数个木制的或砖、石砌筑的支承物，然后在支承物与支承物之间及支承物与河岸之间架设由若干根木梁组成的承重结构，便形成了多孔桥。为了防止河岸在承重结构的压力作用下崩塌，则可紧贴河岸用石块或木排桩做成挡墙，将承重结构支承在挡墙上；为了便于通行，可在并排的木梁上铺上小圆木或木板，做成桥面。此时，桥面与承重结构统称桥的“上部结构”，两岸之间的支承物称作桥墩，岸边的支承物兼挡墙称作桥台，桥墩与桥台统称为桥的“下部结构”。上部结构是跨越部分，又称“跨越结构”或“桥跨结构”；下部结构是支承部分，又称“支承结构”。

现实中的大桥结构是纷繁复杂的，但基本上可以分成以下几种结构：拱式桥、梁式桥、斜拉桥和悬索桥。

1. **拱式桥**

拱起了腰的纸条可以驮起一盒火柴，这说明了向上拱起的物体最能承受外来的压力，它的强度要比没有拱起时大。火柴盒压在纸拱桥上，给予纸拱桥的是一种静态外力，它和作用在装甲车上的子弹冲击力不同。我们把纸拱桥这种抵抗静态外力的本领，就叫静强度。

我们的祖先很早就发现了拱形物体的这种性质，并且把它运用到建筑上去，修建了各种各样的拱式桥。各地发掘出的东汉古墓，多数有“拱”式结构，可见1 000多年前我国的筑拱技术已经相当普及了。

现存的最有名的石拱桥是我国的赵州桥，如图1－1所示。赵州桥由隋朝石匠李春设计监造，自公元616年建成到现在已有1 400多年的历史了。这座石拱桥横跨在河北赵县城南蛟河上，有着一个弧形的桥洞，犹如跨在河上的长虹。在漫长的岁月里，赵州桥经受了地震的摇撼、洪水的冲击、车马的压轧，仍然屹立在蛟河上。赵州桥坚固的秘密正在拱上。赵州桥不但有个弧形的大拱，在桥肩还有4个小拱。当山洪暴发时，小拱可以把洪水泄走。

图1－1　赵州桥

我国科技人员和工人继承并发展了拱式桥建筑的传统，运用现代强度理论以及工程学，创造了双曲拱桥。双曲拱桥的外形同一般的空腹式拱桥好像没有什么区别，但是你如果走到桥下一看，就会发现它的肚皮是凹的，好像由几条自行车的挡泥板拼起来的，真是“拱中有拱”。这种桥的优点是造价低、载重负荷大、施工方便、节省材料。宏伟的南京长江大桥的公路引桥便是这种双曲拱桥，如图 1－2 所示。

图 1－2　南京长江大桥及引桥

其实，我们的脚上就长着“双曲拱桥”，它就是人的足弓。正常的脚都可以区分出 3 个足弓：两个纵向的纵弓和一个横断面上的横弓。

2. 梁式桥

梁式桥为桥梁的基本体系之一。以受弯为主的主梁作为主要承重构件的桥梁，如图 1－3 所示。主梁可以是实腹梁或者是桁架梁（空腹梁），两种结构都有各自的优点。实腹梁外形简单，制作、安装、维修都较方便，因此广泛用于中、小跨径桥梁。实腹梁最早是用原木做成的木梁桥和用石材做成的石板桥。现在主要用钢筋混凝土、预应力混凝土制作，也可以用钢材做成钢板梁或钢箱梁。桁架梁（空腹梁）中组成桁架的各杆件基本只承受轴向力，可以较好地利用杆件材料强度，但桁架梁的构造复杂、制造费工，多用于较大跨径桥梁。

图 1－3　常见的梁式桥

3．斜拉桥

斜拉桥又称斜张桥，是将主梁用许多拉索直接拉在桥塔上的一种桥梁，是由承压的塔、受拉的索和承弯的梁体组合起来的一种结构体系。其可看作是拉索代替支墩的多跨弹性支承连续梁，这样可使梁体内弯矩减小、降低建筑高度、减轻结构重量、节省材料。斜拉桥主要由索塔、主梁、斜拉索3部分组成，如图1－4所示。

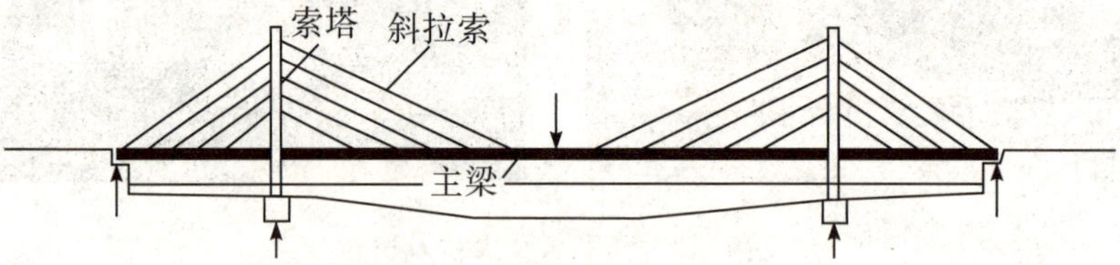

图1－4　斜拉桥结构简图

4．悬索桥

悬索桥又名吊桥，指的是以通过索塔悬挂并锚固于两岸（或桥两端）的缆索（或钢链）作为上部结构主要承重构件的桥梁。悬索桥由主缆、加劲梁、塔柱、吊杆和锚碇构成，如图1－5所示。其缆索的几何形状由力的平衡条件决定，一般接近抛物线。从缆索垂下许多吊杆，把桥面吊住，在桥面和吊杆之间常设置加劲梁，同缆索形成组合体系，以减小荷载所引起的挠度①变形。

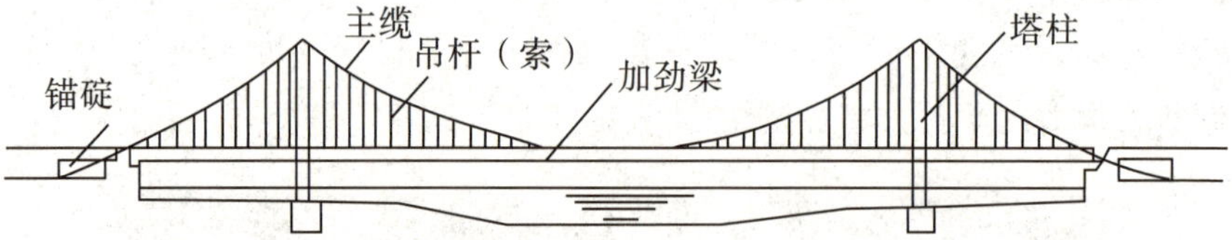

图1－5　悬索桥的结构简图

（二）受力分析

下面我们来分析一下这4种结构桥梁的大致受力特点。

（1）梁式桥：在竖向荷载作用下无水平反力，以受弯为主的结构。

（2）拱式桥：拱式桥的主要承重结构是拱圈或拱肋，其在竖向荷载作用下，桥墩

① 挠度，表示构件（如梁、柱、板等）受到外力时发生弯曲变形的程度。

或墩台将受水平推力，与同跨径桥梁相比，拱的弯矩①和挠度要小得多。

（3）斜拉桥：斜拉索将主梁吊住，使主梁变成多点弹性支承连续梁工作，并承受斜拉索水平分力施加的压力作用，由此减小了主梁截面，使桥梁具有很大的跨越能力。

（4）悬索桥：如上图1－5所示，桥塔承受索缆通过索鞍传来的垂直荷载和水平荷载及加劲梁支撑在塔上的反力，并将各种荷载传递到下部塔墩和基础。

下面我们以拱式桥为例来分析桥身整体受力情况，如图1－6所示。

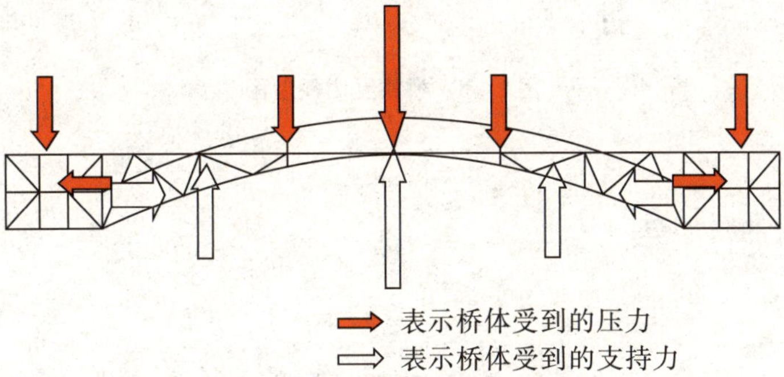

图1－6　拱式桥体受力分析简图

拱式桥同时受到向下的压力与河岸两边给桥的支持力，从而保持一种平衡状态而达到稳定。

桥面静载受力分析，根据桥梁实际结构构建如下模型，分析桥面的受力分析如图1－7所示。

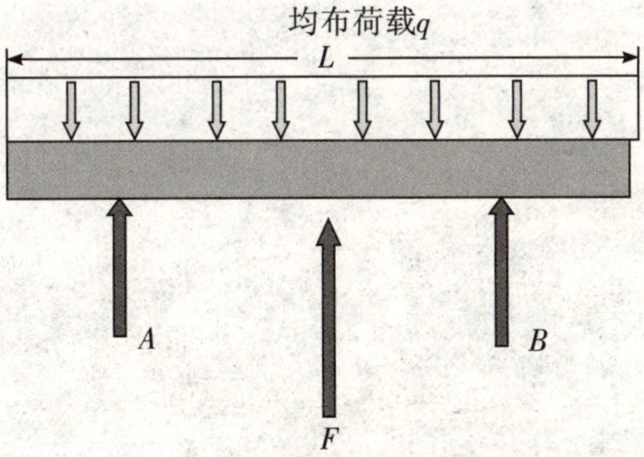

图1－7　桥面受力模型图

当桥梁长度为L时，均布荷载$q=Fs$，即小车均布荷载q和来自桥拱的支撑力A、B和F受力平衡。而桥拱在静力状态下，桥的梁只受到桥自身的重力作用，即$F=Mg$，如图1－8所示。

---

①　弯矩，是受力构件截面上的内力矩的一种。通俗地说，是一种力矩。

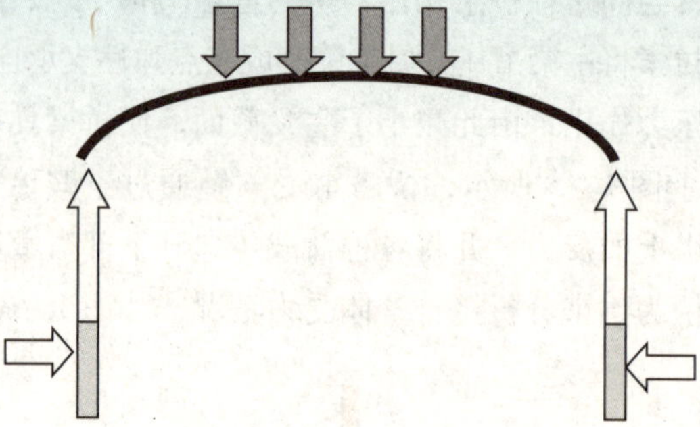

图 1－8　桥拱受力模型图

二、生活广角

广州的典型桥梁

1. 解放大桥

广州拱式桥的典范就非解放大桥莫属了，如图 1－9 所示。解放大桥是广州老城区南北向交通主干线解放路上横跨珠江的特大桥。

图 1－9　广州解放大桥

大桥拱桥的支座（架设于墩台上，顶面支承桥梁上部结构的装置）则不但要承受竖直方向的力，还要承受水平方向的力。因此拱桥对基础与地基的要求比梁桥要高。

拱式桥有 3 种类型：上承式拱桥（桥面在拱肋上方）、中承式拱桥（桥面一部分在拱肋上方，一部分在拱肋下方）与下承式拱桥（桥面在拱肋下方），如图 1－10 所示。供人行走的拱桥可以把桥面直接铺在拱肋（拱式桥主拱圈的骨架）上。而通行现代交通工具的拱桥，桥面必须保持一定的平直度，不能直接铺在曲线形的拱肋上，因此要通过立柱或吊杆将桥面间接支承在拱肋上。下承式拱桥可做成系杆拱，即在拱脚处用一根称为系杆的纵向水平受拉杆件将两拱脚连接起来。此时作用于支座上的水平推力就由系杆来承受，支座不再承受水平方向的力。这样做可以减轻地基承受的荷载，特别是在地质状况不良时。

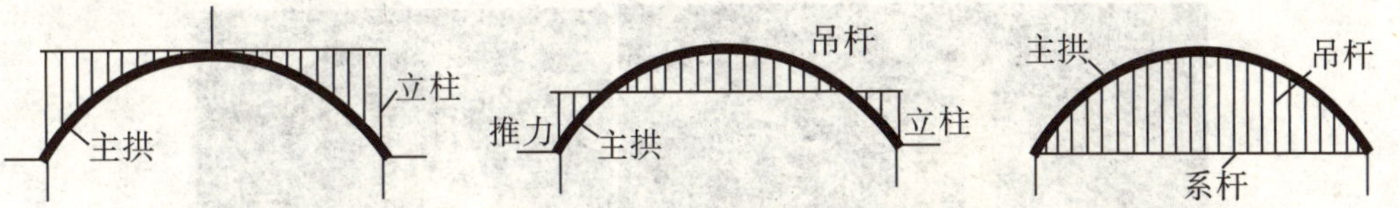

（a）上承式拱　　（b）中承式拱　　（c）下承式拱（系杆拱）

图 1－10　常见拱桥类型

2. 人民桥

人民桥就是广州梁式桥的代表，如图 1－11 所示。它于 1965 年始建，1967 年建成。桥旁边的 4 座楼梯采用独立式弧形曲梯，轻巧美观。而它具备梁式桥的主要特点：在竖直荷载作用下，梁的截面只承受弯短，支座只承受竖直方向的力。

图 1－11　广州人民桥

3. 鹤洞大桥和海印桥

广州有名气的斜拉桥有鹤洞大桥（如图1－12）和海印桥（如图1－13），但论到斜拉桥的鲜明特点时，海印桥就稍胜一筹。海印桥因为桥的北端位于羊城三石的海印石而得名。大桥位于广州市大沙头，连接越秀区及海珠区，跨越珠江。大桥为双塔单索面斜拉桥，塔顶像两只“羊角”，寓意羊城。海印桥形态像一艘双桅船在旭日初升时扬帆远征，夏夜时又像两把巨大的竖琴伴随着潺潺流水奏响悠扬动听的乐章，是珠江上别具特色的公路桥。

图1－12　鹤洞大桥

图1－13　海印桥美景

三、科技活动

活动：纸桥承重比赛

力的作用效果是使物体发生形变，但是如果纸桥的结构和形状不同，那么纸桥所能承受的力也是不同的，所以我校组织了关于“纸桥承重”的课外活动，以帮助同学们进一步感受桥梁建筑中物理科技的魅力。

1. **纸桥的制作方法及要求**

桥的强度（两桥墩之间）不小于 15 cm，桥宽不小于 5 cm，桥的承重力强、坚固（以重物重量为准）。

2. **活动准备**

（1）用声像演示的手段向学生展示桥梁用各种物件，如工字钢、角钢等（见图 1－14），使学生理解通过改变纸的形状，可以增加柔软纸的强度，并能承载一定的重量。学生自己动手试验，寻找更多通过改变纸的形状增加纸的承载重量的方法，以此培养学生的探索精神，以及观察、分析能力；初步训练学生能将常见事物的本质属性形成科学概念的抽象、概括、推理、归纳及综合的能力。

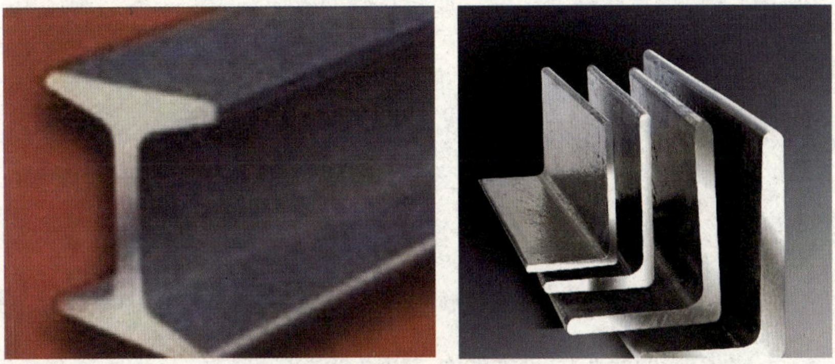

图 1－14　工字钢与角钢

（2）收集和查阅有关桥梁设计、造型方面的资料和图片。训练学生学会收集、整理和初步运用多种信息，有目的地开展调查研究，并让学生将收集的资料、信息积累起来，分类保管，树立信息积累的观念。

（3）学生以组为单位活动。要求各活动小组根据本组设计的图纸，合作完成纸桥的制作。在制作过程中，注意用“记录纸”记录相关数据。培养学生学会观察、处理、制作结果的科学方法。

（4）各活动小组展示各自作品，由各组选派一名同学作代表谈谈探究、设计及制作过程的感受和收获。具备用语言完整表达观察结果、制作过程、描述作品的能力。

3. **活动目的**

（1）通过独立完成查找资料、设计图纸等自主学习活动，培养学生学习的自觉性，并掌握良好的阅读技能，养成自觉进行课外阅读的习惯。

（2）通过协作完成纸桥制作，培养学生的团队合作精神。

（3）制作中注重数据的记录和分析，养成评估和反思探究过程及结果的科学行为习惯。

4. **比赛规则**

（1）材料要求：可以使用书本纸、打印纸、旧报纸、旧挂历等，不可以使用过塑纸、硬质纸板等特殊纸料或其他材料。可以使用胶水、胶带或者双面胶等，但不能大量使用胶水对纸张预先进行浸胶等增强刚度或韧性的处理，胶带也不得用于为增强纸张抗拉强度而大幅面使用，否则将视情况扣除分数。制作工具自备。

（2）作品要求：桥体形状不限，桥梁两支撑点跨度不小于40 cm，桥面宽度不小于20 cm，桥面最高点离桥身支撑点竖直高度不得低于15 cm，桥面最低点与支撑点竖直高度不小于10 cm。

（3）设计要求：构思新颖、结构合理、具有创造性、贴近实际、制作精巧。

5. **评分方法**

总分 = 承重折合分（满分70分）+创意分（满分20分）+造型设计分（满分10分）。

（1）承重原始分可通过下面的式子计算：承重前先测量纸桥的跨度 L，称其重量 W_1，再测量纸桥的最大承载重量 W_2。承重原始分 $=\dfrac{\text{承重重量 } W_2\text{（g）}\times\text{桥身长度 } L\text{（cm）}}{W_1\text{ 纸桥重量（g）}}$，分值大小不限。在设计的桥身中间放重物，以纸桥在破坏前的最大承重量来确定承重重量 W_2。设纸桥承重原始分为 Wm，其他作品承重原始分（设为 Wx）的计算公式如下：承重分 $=\dfrac{Wx}{Wm}\times 70$。

（2）创意分：匠心独运，不拘一格，能够展现出本组的创造性。

（3）造型设计分：要求外观精美、结构精巧、制作精良（参赛小组必须提交纸桥的设计方案，而且必须按照设计方案尺寸制作纸桥，设计方案方可以加分，否则设计方案不参与评分）。

图 1 - 15　纸桥承重比赛现场

第二章
借力、用力——缓冲现象

一、学海拾贝

生活中有很多借力、用力的缓冲现象，就像“太极拳”，看起来力量不大，实则威力无限。而与我们日常生活关系最大的就是汽车的安全带，它是缓冲现象的典型例子。

我国公安部自从 1993 年 7 月 1 日起规定，上路行驶的小型客车驾驶员和前排座乘车人员都必须使用安全带。

为什么必须使用安全带呢？目的是为了有效地减轻交通事故对机动车驾驶员和乘车人造成的人身伤害，保障交通安全。例如：1989 年在美国加利福尼亚州发生的里氏 6.9 级地震中，该地尼米兹高速公路上层的一段被震塌，在公路上层 3 条车道上高速行驶的约 200 辆汽车全部掉了下去，车里的人大部分当即死亡，只有部分系安全带的人幸免于难。

因此，不少人认为应使用法律手段来让更多的人系上安全带。我国公安部关于使用安全带的通告，正是以法律手段来保障交通安全，减轻交通事故造成的人身伤害，这是非常必要的一项强制性规定。

（一）安全带的力学分析

一般说来，在高速公路上行驶的汽车，最高时速不准超过 120 km，一般时速会根据路面情况和车道的多少而定，大概在 90 ~ 110 km 之间。假设一辆高速行驶的汽车在遇到紧急情况时，可以在 2 s 内停下来，会发生什么情况呢？

很显然，为了使驾驶员与汽车一起停住，必须对他有一个作用力，如图 2 - 1 (a) 所示，该力的大小可用下面的方法计算。假设汽车的速度是 108 km/h，乘客的质量为 60 kg，由动量定理，得

$$Ft = mv' - mv_0,$$

其中，$t=2\ \text{s}$，$v'=0$，$v_0=108\ \text{km/h}=30\ \text{m/s}$，代入数据，解得 $F=-\frac{mv_0}{t}=-\frac{60\times30}{2}\ \text{N}=-900\ \text{N}$，

负号表示力的方向和汽车原运动方向相反。

由上面的数据可以分析，为了使驾驶员与汽车一起停住，必须对他作用一个900 N 的力，而此力大大超过了车座与驾驶员之间的摩擦力。如果没有这个作用力，由于惯性，驾驶员将继续沿直线做匀速运动，与此同时，他所坐的汽车却因急剧制动做减速运动。如不采取措施，驾驶员将会撞上前面的障碍物（如挡风玻璃），发生事故。

下面我们不妨再计算一下，开始制动后经多长时间 t，驾驶员会碰上挡风玻璃。

假设 s_1 和 s_2 分别为驾驶员与挡风玻璃在时间 t 内所经过的路程，如图 2－1（b）所示。

图 2－1　驾驶员受力示意图

由图知 $s_1=s_2+0.5$。

因驾驶员将以 30 m/s 的速度做匀速运动，并假定座位很光滑，对运动没有任何阻力，则 $s_1=v_0t$，

其中 $v_0=30\ \text{m/s}$，

汽车的加速度

$$a=\frac{v'-v_0}{t}=-\frac{v_0}{t}=-\frac{30}{2}\ \text{m/s}^2=-15\ \text{m/s}^2,$$

因而在 t 时间内挡风玻璃通过的路程

$$s_2=v_0t+\frac{1}{2}at^2=30t+\frac{1}{2}(-15)\cdot t^2=30t-\frac{1}{2}\times15\cdot t^2, \qquad ①$$

又 $s_2=s_1-0.5=v_0t-0.5$，　②

由①②，解得 $t^2=\frac{1}{15}s^2$，即 $t=0.25\ \text{s}$。

所以，在汽车开始制动后经 0.25 s，汽车减速的大小

$\Delta v=v'-v_0=at=15\times0.25\ \text{m/s}\approx4\ \text{m/s}$。

因此，在 0.25 s 内为了使向挡风玻璃接近的驾驶员把速度减到汽车的速度，必须给他一个作用力，其大小

$$F = \frac{m\Delta v}{t} = \frac{60 \times 4}{0.25}\ \text{N} = 960\ \text{N}。$$

以上求得的力将由安全带提供，这就是为什么需要使用安全带的原因。由分析可看出，安全带虽不起眼，但危急时刻能保护人的生命安全。

（二）安全带的工作机制

安全带究竟是怎样工作的呢？理想的安全带作用过程短暂而有序。首先是及时收紧，在事故发生的第一时刻毫不犹豫地把人“按”在座椅上；然后是适度放松，待冲击力峰值过去，或人已能受到气囊的保护时，即适当放松安全带，避免因拉力过大而使人肋骨受伤，如图 2－2 所示。

图 2－2　安全带工作示意图

安全带将向后的力施加到人身体能够较长时间承受压力的部位，典型的安全带由一个围在骨盆处的安全腰带和一个跨过胸部的肩带组成，这两段安全带紧紧固定在汽车框架上，以便将乘客固定在座椅上。由于安全带在身体上跨越的部分较宽，因而作用力不会集中在一个较小的区域，所以也不会造成过大伤害。此外，安全带可以略微拉伸，这意味着停止过程不会过于突然，但安全带又不应拉伸过长，否则可能会容易撞到方向盘或侧窗。

此外，汽车的折皱区也是能切实起到缓冲作用的区域。折皱区是汽车前部和后部相对比较容易压折的区域。当汽车在撞到障碍物时，不会突然停止，而是通过溃缩（就像空易拉罐一样）吸收部分撞击力。汽车的车厢比较坚固，因此不会挤压在乘客身上。它会继续短暂移动，使汽车的前部撞向障碍物。当然，只有人随汽车车厢一起运动时（即安全带将人固定在座椅上时），折皱区才能为人提供保护。

当安全带拉紧时，人的身体可以轻松地前倾。但是在撞击中，安全带会突然收紧并将人紧紧固定住。在典型的安全带系统中，安全带与一个卷收器相连，卷收器中的核心元件是卷轴，它与安全带的一端相连。在卷收器内部，一个弹簧为卷轴提供旋转作用力（或扭矩）。它会旋转卷轴，以便卷起任何松弛的安全带，如图 2－3 所示。当人拉出安全带时，卷轴将逆时针旋转，并使相连的弹簧也沿相同方向旋转，这样，旋转的卷轴就反扭了弹簧。因为弹簧想要恢复到原状，因此它会抗拒这一扭转运动。如果您松开安全带，弹簧将收紧，并顺时针旋转卷轴，直至使安全带张紧。卷收器有一个锁定机构，可在汽车发生碰撞时停止卷轴的旋转。

图 2－3 螺旋形的弹簧转卷轴

正是有了缓冲装置，在发生交通事故时，才会最大可能地保护人们的生命安全。所以当我们驾车或坐车时，一定要系好这个“生命带”。

二、生活广角

降落伞的鼻祖

800 年前，广州居住着不少阿拉伯商人，他们长期在此做生意，也建造了多座清真寺。其中一座清真寺最为壮观，它有一个高耸入云的笔尖形银灰色尖塔，塔顶上有一只巨大的、纯金制作的金鸡，是一座“鸡形风信器”。

1192 年，南宋名将岳飞之后岳柯来到广州，慕名去参观那座清真寺，发现寺顶上的金鸡只剩下一条腿，可谓“金鸡独立”了。

他向人们打听后，才知道金鸡的另一条腿被一个狡猾的小偷盗走了。岳柯十分气愤，认为这是有辱国格的事情，决心追查这件案子。

一天，他去集市上玩耍，无意发现一个人在偷卖金子。他仔细一看，发现金子的成色与金鸡的成色相同，便将他抓住交官府审问。果不其然，卖金子的正是盗走塔寺上金鸡腿的贼。这个人供认，他为了偷塔上的金鸡，进行过一番策划，除了携带干粮、铁锯条之外，还特意备了两把雨伞。他伺机潜入寺内，躲在寺内的屋梁上三天三夜，终于找到机会爬上了寺顶。由于金鸡既大又重，他只锯下了一条腿，便急于逃窜了。

那么，这个小偷又是如何下塔出寺的呢？经审讯，原来小偷紧紧地抓住两把雨伞往塔下跳，很安全地落在寺外。

这个小偷也真是个聪明人，居然利用雨伞打开后的空气托力，从天而降，迅速地逃离了作案现场。

岳柯感叹不已，在他后来写的《程史》一书中，也记载了这件事。后来，有个杂技演员从岳柯的书里得到启发，发明了“高空飞人”的表演节目。表演时，演员唯一可借助的只有两把伞，他的腰带上紧系着这两把伞的伞柄，人从大铁圈里穿过去往下跳。风有时把他带到地下，有时带到树上和屋顶上，有时被吹进河里。惊险的演出常使观众叫好不止。英国现代著名科学技术史专家李约瑟博士看了岳柯的著作后也认为：“光顾”广州清真寺的小偷，是真正使用降落伞的鼻祖，他那两把伞，就是最原始的降落伞。

三、科技活动

活动：“鸡蛋撞地球”比赛

（一）知识链接

大家知道，生鸡蛋从桌上掉到地面会摔破。这不就是“鸡蛋撞地球”吗？不然，我们这里所说的鸡蛋撞地球，不仅鸡蛋与地面的距离要远远大于桌子的高度，而且还要满足两个其他条件。

（1）鸡蛋下落的高度。在鸡蛋撞地球活动中，要求鸡蛋从 12 ~ 20 m 高度下落，即要求参加活动的同学从 4 ~ 6 层楼房的阳台或窗口释放手中的鸡蛋。

（2）要使鸡蛋落地而不碎。可以从两方面考虑：一是延长鸡蛋与地面撞击时的相互作用时间，这可通过用普通容器（容器的材料、形状、结构不限）包装鸡蛋来实现；二是减小鸡蛋撞击地面前瞬间的速度，这可以通过在包装容器上安装起减速作用的降落伞而实现。

不过，还要考虑的是，鸡蛋须落入划定的圆圈，这就增加了难度。同学们要通过思考、设计、试验，不断进行测试。我们相信，同学们通过参与活动，一定能有所体验，有所收获，相信许多可以保证鸡蛋落地而不碎的巧妙装置，会在大家灵巧的手上诞生。

“鸡蛋撞地球”的活动于20世纪80年代初见于英国科促会青少年部组织的青少年科技活动，他们采取了很多办法保护鸡蛋，确保鸡蛋从高空落下摔不破。实验从一楼开始，一直到第43楼，鸡蛋从152 m的高空落下没有丝毫损坏；后由香港数理教育学会的老师们引入香港并在中小学生中间开展；至90年代初，上海中国福利会少年宫将其进一步改进，并在上海青少年中组织开展，受到青少年的欢迎；其后，广州物理教学研究会的老师们也在广州组织青少年进行“鸡蛋撞地球”比赛，同样吸引了众多青少年爱好者。

（二）比赛相关事宜

（1）目的：为全面推进素质教育，培养和提高学生的科学素养与创新能力，将物理知识与生活创意结合起来，锻炼学生的动手能力与解决问题的能力。

（2）参赛对象：高一年级学生。

（3）参赛作品要求。

①作品必须是参赛选手自己手工组装，不得使用成品。

②作品内容与规范：a. 装置节约环保，材料运用合理简易，制作科学、巧妙、创新。b. 不许对鸡蛋进行化学处理。c. 不许使用危险装置，一经发现，作品将被淘汰。

（4）评分标准。

本次比赛要求参赛作品从重量、体积、定点落地、设计创新4个方面进行评分，根据累计总分高低设奖。具体要求如下：

落地后鸡蛋破损得0分，鸡蛋不破损可得50分。在鸡蛋不破损的前提下，按下列情况加分。

①重量：现场称重（含鸡蛋）。150 g以内（50分），150～200 g（40分），200～250 g（30分），250 g以上（20分）。

②高度及落地点：比赛高度为行政楼4楼网球场边（约13 m高）；要求定点落地，着陆点为以基准点为圆心，半径1 m以内为30分、半径1～2 m范围为25分、超过2 m均为20分。

③创意：评委老师根据作品的设计原理和创新性给创意分。

④在鸡蛋不破的前提下，重量最小、落地准确、外观设计新颖为高分。

图2-4　鸡蛋撞地球现场

第三章
身边典型的运动

一、学海拾贝

生活中，我们每天都在做各种各样的运动。但在这些复杂运动的背后，有很多运动都与重力相关。如果物体只在重力作用下，物体将做匀变速运动，加速度为 g，那么仅在重力作用下的运动有哪些呢？最典型的运动有自由落体运动、平抛运动与斜抛运动。

（一）自由落体运动

自由落体运动是一种理想化的运动模型，是指物体只在重力作用下从静止开始下落的运动。这种运动只有在没有空气阻力的空间里才能发生。

自由落体运动的两个基本特征：①初速度为零；②只受重力。自由落体运动的速度与位移公式可表示为：

瞬时速率：$v_t = gt$

位移：$h = \frac{1}{2}gt^2$

常见物体的自由下落的运动不是严格意义上的自由落体运动，因为物体都受到空气阻力的影响。只有当物体所受的空气阻力与物体的重力相比很小，可以忽略不计时，物体的下落才可近似地看成自由落体运动。

（二）平抛运动

平抛运动可以看成由水平方向和竖直方向两个分运动合成。

（1）水平方向：以初速度 v_0 做匀速直线运动。

（2）竖直方向：以加速度 $a = g$ 做初速度为零的匀变速直线运动，即自由落体运动。

（3）在水平方向和竖直方向的两个分运动同时存在、互不影响、相互独立。

（4）平抛运动是匀变速曲线运动。

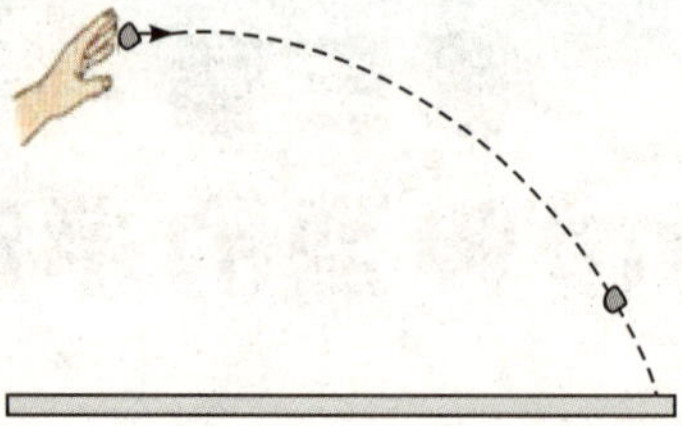

图 3－1　平抛运动

1．**平抛运动的规律**

以抛出点为坐标原点，以初速度 v_0 方向为 x 轴正方向，竖直向下为 y 轴正方向，如图 3－2 所示，则有：

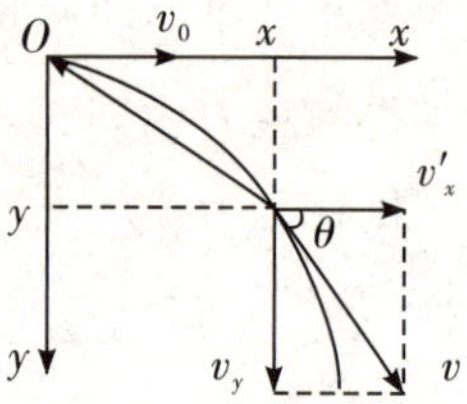

图 3－2　平抛运动分解

分速度：$v_x = v_0$，$v_y = gt$，

合速度：$v = \sqrt{v_0^2 + g^2t^2}$，$\tan\theta = \dfrac{gt}{v_0}$。

分位移：$x = vt$，$y = \dfrac{1}{2}gt^2$，

合位移：$s = \sqrt{x^2 + y^2}$。

2．**两个有用的推论**

推论 1：做平抛（或类平抛）运动的物体在任一时刻（或任一位置处），如图 3－3 所示，设其速度方向与水平方向的夹角为 θ（偏角），位移与水平方向的夹角为 α，则 $\tan\theta = 2\tan\alpha$。

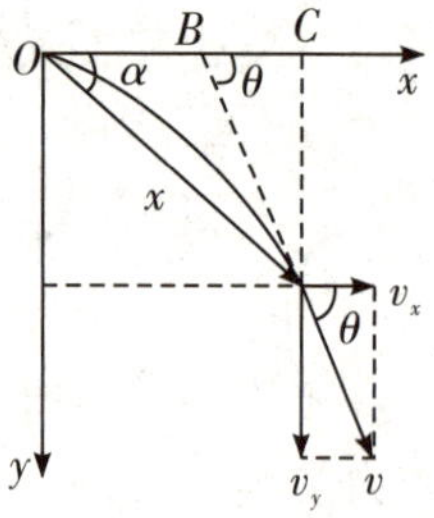

图 3－3　平抛运动推论

由于 $\tan\theta = \dfrac{v_y}{v_0} = \dfrac{gt}{v_0}$，$\tan\alpha = \dfrac{y}{x} = \dfrac{\frac{1}{2}gt^2}{v_0t} = \dfrac{gt}{2v_0}$，

所以 $\tan\theta = \ = 2\tan\alpha$。

推论 2：做平抛（或类平抛）运动的物体任一时刻的瞬时速度的反向延长线一定通过此时水平位移的中点（即图 3－3 中的 B 点）。

由 $\tan\theta = \dfrac{y}{BC}$，$\tan\alpha = \dfrac{y}{x}$，又 $\tan\theta = 2\tan\alpha$，所以 $BC = \dfrac{x}{2}$。

（三）斜上抛运动

将物体用一定的初速度沿斜上方抛出去，仅在重力作用下物体所做的运动。做斜上抛运动的条件：①初速度不为零，且与水平方向成一定角度 θ（$\theta \neq 90°$）；②只受重力作用。

1．斜上抛运动的规律

以抛出点 O 为坐标原点，竖直向上为 Oy 轴，水平方向为 Ox 轴，抛体就在 Oxy 平面上做具有恒定加速度的曲线运动，如图 3－4 所示。

设抛体的初速度为 v_0，抛射角为 θ，则可把 v_0 在所建立的坐标系中分解为水平方向的分速度 $v_0 \cos \theta$ 和竖直方向的分速度 $v_0 \sin \theta$。

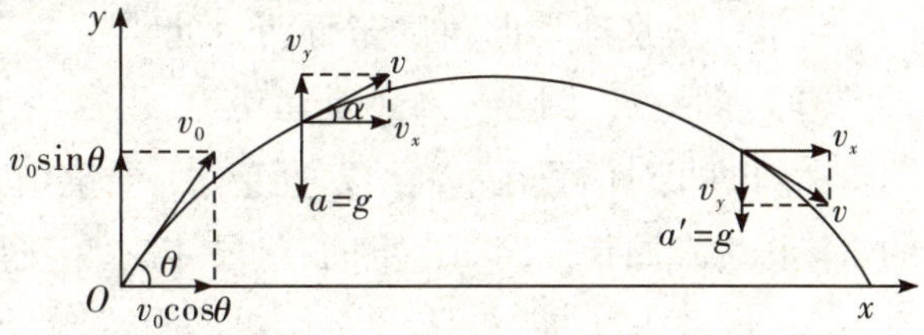

图 3－4　斜上抛运动分解

2．位置坐标

在抛出后 t 秒末，物体的位置坐标为：

$$x = v_0 t \cos \theta,\ y = v_0 t \sin \theta - \frac{1}{2} g t^2。$$

3．速度公式

水平分速度：$v_x = v_0 \cos \theta$，

竖直分速度：$v_y = v_0 \sin \theta - gt$，

合速度：$v = \sqrt{v_x^2 + v_y^2}$，合速度方向跟水平方向的夹角 α 由 $\tan \alpha = \frac{v_y}{v_x}$ 决定。

二、生活广角

关于运动有很多有趣的故事，其中又以下面 3 个故事最为典型，让我们来了解一下吧。

1．刻舟求剑

原文：楚人有涉江者，其剑自舟中坠于水，遽契其舟，曰：“是吾剑之所从坠。”

舟止，从其所契者入水求之。舟已行矣，而剑不行，求剑若此，不亦惑乎？（选自《吕氏春秋·察今》）

译文：一个楚国人坐船过江，船到江心时，他心爱的宝剑掉到了水里。这个楚国人急忙把剑掉落的位置刻上记号，说："这儿是我的剑掉下去的地方。"船靠岸以后，他才从他刻了记号的船边下水打捞宝剑。船已经向前走了，但是剑不会随船前进，像这样找剑，不是很糊涂吗？

图 3-5　刻舟求剑

启示：从物理学的角度来分析，此人错选了参照物。因船相对剑是运动的，则船和剑的相对位置在不断地发生变化，要确定剑的位置应选择与剑的相对位置不变的物体作为参照物，例如岸上的石头、树木、花草等。

2. 轻松抓住高速飞行的子弹

在二战期间，法国飞行员驾驶飞机在 2 000 m 高空飞行，忽然他看到身边有一个东西和飞机一起飞翔，他以为是一只小昆虫，随手抓过来一看，原来不是昆虫，而是德军发射的一颗子弹！他回头一看，后方一架德军飞机正尾随他的飞机并向他开枪。大家想一想，为什么他能抓住飞行的子弹呢？

解释：原因就在于高速飞行的子弹和高速飞行的飞机之间保持相对静止，即二者之间的位置没有发生变化，满足这种情况的条件是子弹和飞机运动的方向相同，并且二者的速度也一样，即子弹相对于飞机来说是静止的。因为子弹就在飞行员身旁，所以飞行员能轻松抓住。

3. 两个铁球同时落地

18 世纪的一天，科学家伽利略听到别人议论："亚里士多德曾说，一个 10 磅重的铁球和一个 1 磅重的铁球，如果同时从高空落下，10 磅重的铁球一定先落地。"因为亚里士多德是古希腊哲学家，人们都非常信奉他，所以把他的话当成真理。但伽利略并不这样认为，他做了很多次实验，都证明了亚里士多德的理论是错的，于是，他决定在比萨斜塔上向大众做实验。消息很快传开了。第二天，人们围在比萨斜塔周围议论纷纷："这年轻人太自大了，竟想找亚里士多德的错！""事实是事实，会让他难堪的！"……伽利略不理会这些，他左手拿 10 磅重的铁球，右手拿 1 磅重的铁球，同时松开手，人们尖叫起来，最后两个铁球同时落地。如图 3-6 所示。

图 3－6　比萨斜塔实验

三、科技活动

活动：认识紧急避险衣套

据统计，浓烟是火场的第一杀手，80%的人并不是直接被火烧死的，而是被烟熏死的。据消防专家调研介绍：起火后，15 分钟内是火灾初起时间段，也是最佳的逃生避难时间，而在高楼火灾中，需要抢救被困人员多且难度大，被困人员需要等待的时间也比较长，当你得知自己置身于高楼火灾危险区域时，最理智选择就是找个避难空间（火灾中有人因恐慌导致坠楼），以延长被救援时间。这时可以选择使用紧急避险衣套把自己吊挂在楼外通风处，依靠外墙防火防烟，同时克服因重力作用而坠落导致的伤亡，从而延长等待专业消防队前来救援的时间，达到临时紧急避难的目的。

另外，该装置也能让消防员快速从高处放下带有安全挂钩的安全绳让你自己挂好，再将人慢慢地转移到安全的地方。所以在关键之时，紧急避险衣套能挽救人的生命。

1. **结构介绍**

（1）固定保存盒：由铁盒和固定墙钉、不锈钢挂钩组成，如图 3－7 所示。一般固定在紧急出口的墙外。

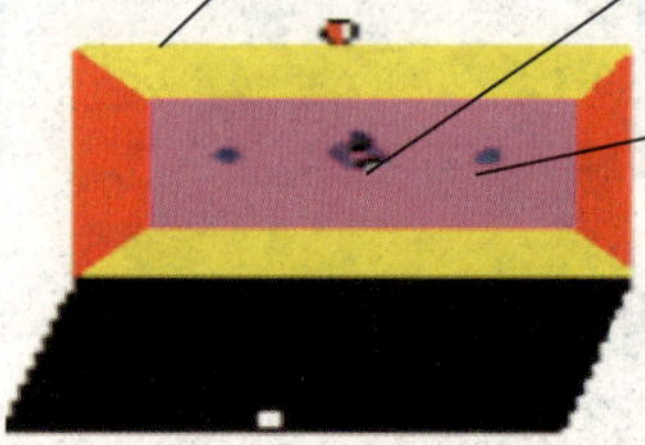

图3-7　固定保存盒

（2）安全吊绳：两个不锈钢挂钩和经过防火处理的内置钢丝安全绳组成，如图3-8所示。

图3-8　安全吊绳

（3）衣套：由衣套、5条带有伸缩拉扣的安全紧身带和不锈钢安全挂钩组成，如图3-9所示。

（a）吊带伸缩拉扣　（b）腰带紧缩扣　（c）腿部紧缩扣

图3-9　衣套展示

2. **操作步骤**

操作过程简称为“一穿五拉一爬”：

①“一穿”，即穿吊带裤套。

②“五拉”，即拉紧两肩吊带、腰带和两裤腿带。

③“一爬”，即小心爬出将自己吊挂在室外。

爬出楼外时，要胆大心细，手脚要协同保护身体并安全缓慢向外爬出，脸朝向内，身体出墙外后，双手换抓大绳，双脚登墙，控制好身体平衡。

第四章
家用电器与用电安全

一、学海拾贝

现代家庭中离不开家用电器。这些电器与我们的生活息息相关，它们的工作原理是怎样的？电器在使用中有什么保护装置呢？学习这一课可以帮助我们了解。

（一）电饭锅工作原理

常用的电饭锅是利用发热板，在铝质锅的底部加热。发热板内藏电热线，电热线由自动开关控制，主要构造如图 4 – 1 所示。

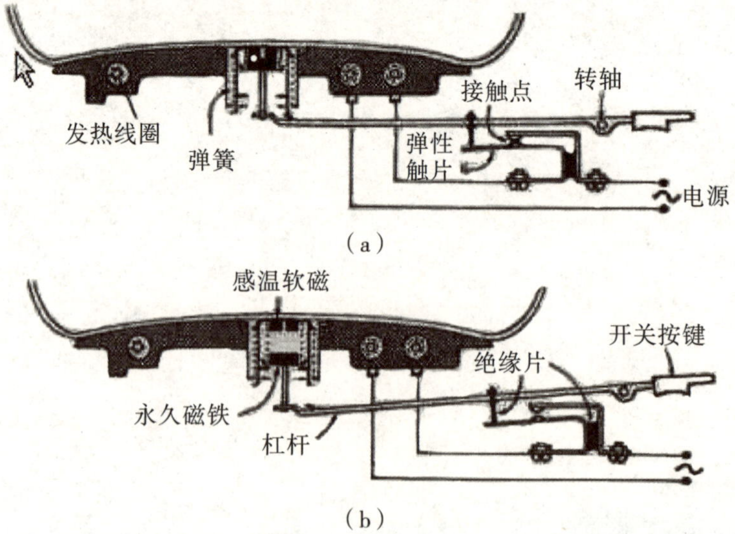

图 4 – 1　电饭锅构造

发热板的中央有一圆孔，孔内有一感温软磁，它借着弹簧向上顶贴着锅底。这是一种纯铁氧体。它在 100 ℃或以下时，可以被永久磁铁吸引。但当升至 103 ℃时，则失去磁性，不再受永久磁铁吸引。这正是电饭锅工作的关键所在。

如图 4－1（a）所示，当按下开关按键，开关横杆把磁铁向上顶贴着感温软磁。这时，发热线接通，开始加热。当锅内的水减少，锅内温度由 100 ℃上升至 103 ℃时，感温软磁就不受磁铁吸引，开关的杠杆因弹簧的弹力及本身的重力而下降，重压使接触点分开，发热线断电，如图 4－1（b）所示。同时，接通另一保温电路（图中略去），保持饭的温度在 70 ℃左右。

（二）电冰箱

1．电冰箱的构造

如图 4－2 所示。沿着图中黑色的箭头，可以了解气体是以怎样的流向发生变化的。带有黄色、红色、蓝色的箭头表示发生气体循环。对应的部件如下。

压缩机：对气体加压，使它变为液体。

散热器：将热量排到冰箱外部。

冷却器：减压，将液体还原为气态，用这时被带走的汽化热冷却冰箱。

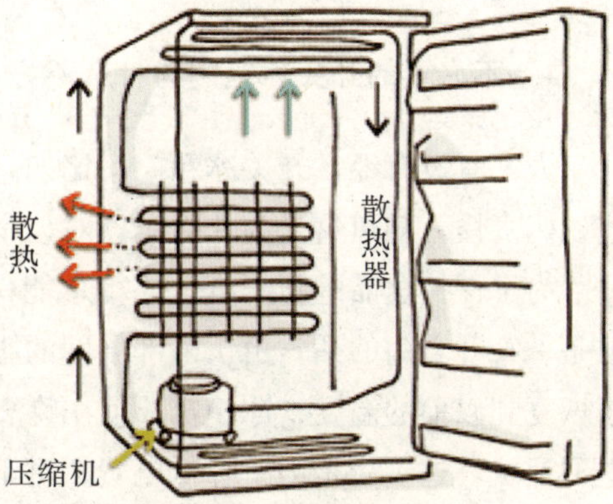

图 4－2　电冰箱工作流程

2．如何进行汽化热交换

冰箱除了门以外的部分，都遍布有充入气体的管子。管子里面的物质原本是气态的气体，当加压时会变成液体，减压时又会变成气体。在从液体转变为气体的同时，发生带走汽化热的交换作用，如图 4－3 所示。这正是冰箱工作的原理所在。

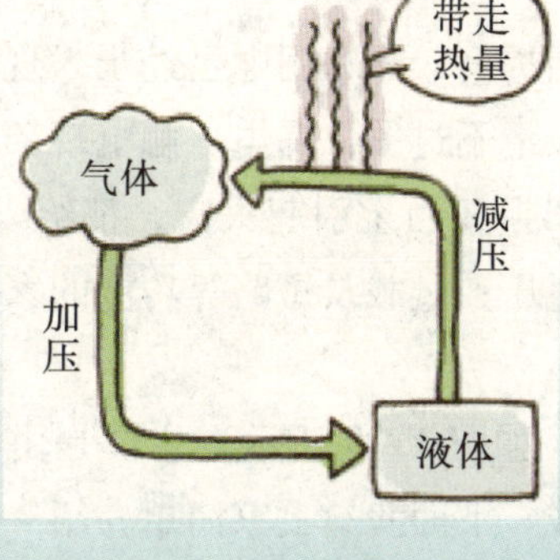

图 4－3　气液转换

3. **冰箱对地球环境的影响**

冰箱之所以能够制冷，是借助于氟利昂这种气体。刚开始使用氟利昂气体时，用的是一种叫作“特定氟利昂”的物质，此后发现这种特定氟利昂会破坏包围地球的臭氧层，导致我们现在地球有着越来越大的臭氧空洞。如图 4－4 所示。臭氧层是遮挡来自太阳的紫外线的大气层。臭氧层一旦被破坏，紫外线就会变得过多，给生物带来恶劣的影响。据说，一旦臭氧层的损坏程度加剧，可能会因此而导致谷物和蔬菜等减产，从而引起食物不足的状况发生。

图 4－4　地球臭氧层

4. **不必要的开关冰箱门为什么不好**

大家有没有经常开关冰箱门，比如打开门之后再想“要喝什么呢”的时候，被爸爸妈妈责怪。知道这是为什么吗？对，是因为浪费电的缘故。

为了保持食品的新鲜度，冰箱总能保持内部温度一致。不过，如果开好几次门，或是一直开着门的话，由于外部温度的影响，内部的温度会不断上升。这样一来，为了恢复到以前的温度，冰箱需要使用许多的电力。迅速开关冰箱门，能够大大地避免这种浪费。这不光是为了降低电费，对于保护地球环境也是十分重要的。

二、生活广角

家用多功能用电保安器

随着人民生活水平的不断提高，家庭用电已经步入现代化和电器化的行列。但由于某些电器使用时间较长或质量不过关，漏电、触电现象时有发生，有时因电源电压过高、过载或短路，造成电器损坏乃至引起火灾，都给人们的生活带来危害与损失。为此，具有防触电、漏电、过压、过载及短路等功能的家用多功能用电保安器被广泛使用。

家用多功能用电保安器（如图 4－5 所示）主要是由触漏电检测电路、过载短路检测电路、过压检测电路组成。下面我给大家简单介绍一下这 3 部分电路的主要结构及原理。

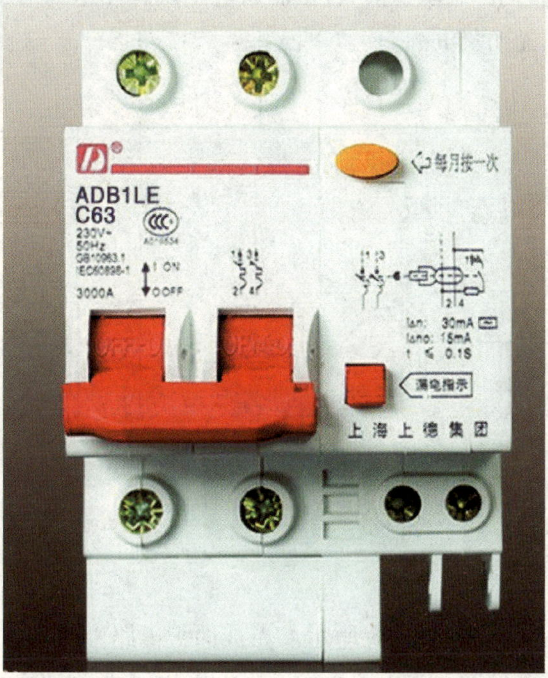

图 4－5　用电保安器外形

1. **触漏电检测电路**

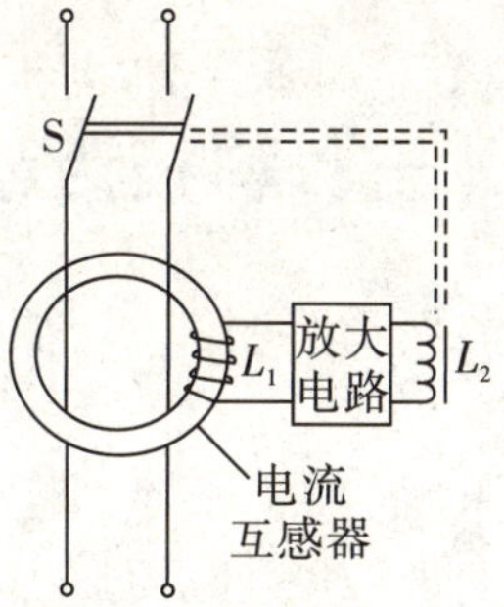

图 4－6　触漏电检测电路

触漏电检测电路的核心部分是由绕有线圈的环形铁芯组成的电流互感器，该部分电路简化后如图 4－6 所示。由于火线与零线并列穿过环形铁芯，正常情况下，火线与零线上电流大小相等、方向相反，即火线与零线分别对环形铁芯产生的磁场大小相等、方向相反，可等效为环形铁芯中无磁场（即磁通量为零），因此线圈 L_1 上无感应电压输出。当被保护电路发生对地漏电或人身触电事故时，部分电流将经由人体或导电体返回大地，此时穿过电流互感器中的火线及零线中的电流不再相等，互感器线圈 L_1 中将产生感应电压，这个感应电压经电路处理后使电磁铁 L_2 产生磁性，当触漏电流达到某一数值（一般为 30 mA）时，电磁铁吸引脱扣器工作，从而带动主开关 S 动作，切断电源，实现触漏电保护。

2. **过载短路检测电路**

过载短路检测电路简化后如图 4－7 所示。电流增大时，电磁铁的磁性增强，当过载或短路使电流超过某一数值时，脱扣器因电磁铁磁性达到某一数值而工作，并带动主开关 S 动作，从而切断电源。

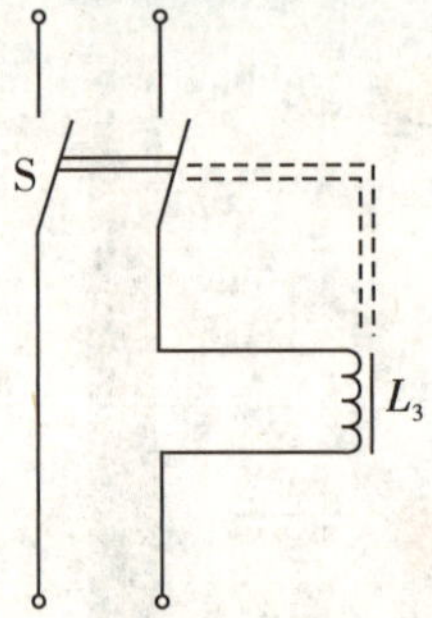

图 4－7　过载短路检测电路

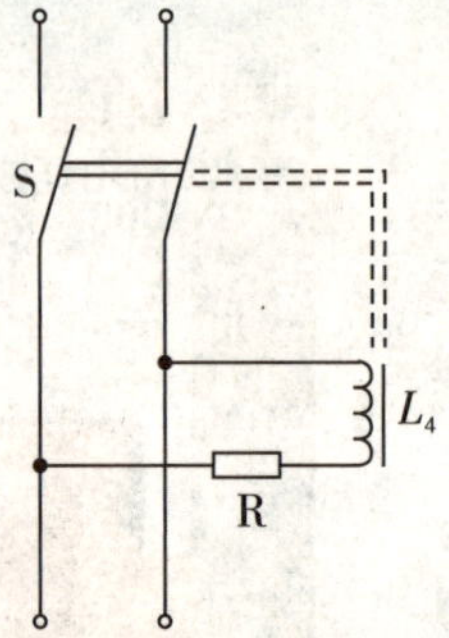

图 4－8　过压检测电路

3. 过压检测电路

过压检测电路简化后如图 4－8 所示。当被保护电路电压增大时，流过电磁铁 L_4 的电流也增大，电磁铁的磁性也跟着增大。当电压达到某一数值（一般为 250 V）时，电磁铁的磁性恰好能使脱扣器带动主开关 S 动作，实现过压保护。

以上简单介绍了家用多功能用电保安器的工作原理，实际上它的结构要比上面复杂得多，但学习这些基本的原理对于我们了解家用电器的用电安全很有帮助。

三、科技活动

活动一：认识电冰箱

1. 电冰箱的工作原理

电冰箱的喉管内，装有一种商业上称为氟利昂，俗称“雪种”的制冷剂。常用的一种为二氟二氯甲烷，是一种无色、无味、无毒的气体，沸点为 29 ℃。氟利昂在气体状态时，被压缩器加压后，经喉管流到电冰箱背部的冷凝器，借散热片散热（物质被压缩后，温度就会升高）后，冷凝而成液体。

液体的氟利昂进入蒸发器的活门之后，由于脱离了压缩器的压力，就立即化为蒸汽，同时向电冰箱内的空气和食物等吸取汽化潜热，使冰箱内部冷却。

汽化后的氟利昂又被压缩器压回箱外的冷凝器散热，再变为液体，如此循环不止，把冰箱内的热能泵到冰箱外。

2．电冰箱上的标识

电冰箱内有恒温器（Thermostat），以控制电源的断续，使箱内温度保持在一定的范围内，以免过冷而耗电。双门的电冰箱，门上有星形标志，以表示冷凝格的温度等级。

1 颗星：表示温度不高于 −6 ℃，食物可贮藏 10 天。

2 颗星：表示温度不高于 −12 ℃，食物约可贮藏 1 个月。

3 颗星：表示温度不高于 −18 ℃，食物约可贮藏 3 个月。

4 颗星：表示温度不高于 −20 ℃，食物约可贮藏 3 个月外，还可以冻结鲜食物。

活动二：设计奶瓶恒温器

1．选题目的

在生活中，婴儿的喂奶问题是一个棘手的问题。随着科技的发展，新一代年轻的父母对电子产品能够快速接受并熟练操作，进而有些依赖，如果有一个自动恒温的奶瓶，同时又能定时提醒父母喂食，一定是一个既方便又很有应用前景的发明。

2．产品应具有的基本功能

（1）提醒父母到点喂奶。

（2）实时探测并显示温度，到合适温度亮绿灯并发出铃声。

（3）保温或快速散热。

3．设计思路

（1）安装定时装置。

（2）安装电子温度感应器。

（3）将小奶瓶套入大奶瓶中，用热胺封住其中间部分及瓶口多余部位，使整个奶瓶分为内外两层，并尽量使下层处于真空状态。然后在侧方，开个小口，安上活塞，装水可实现冷凝；若不装水，两层中间的真空可起保温效果。

4．创新部分

在奶瓶上安装定时装置，到点提醒；安装电子温度感应器实时探测水温，以便调节水温；将奶瓶设置成内外层，可通过侧面加水进到夹层实现更快地散热，达到预想温度，因为水比空气散热快。

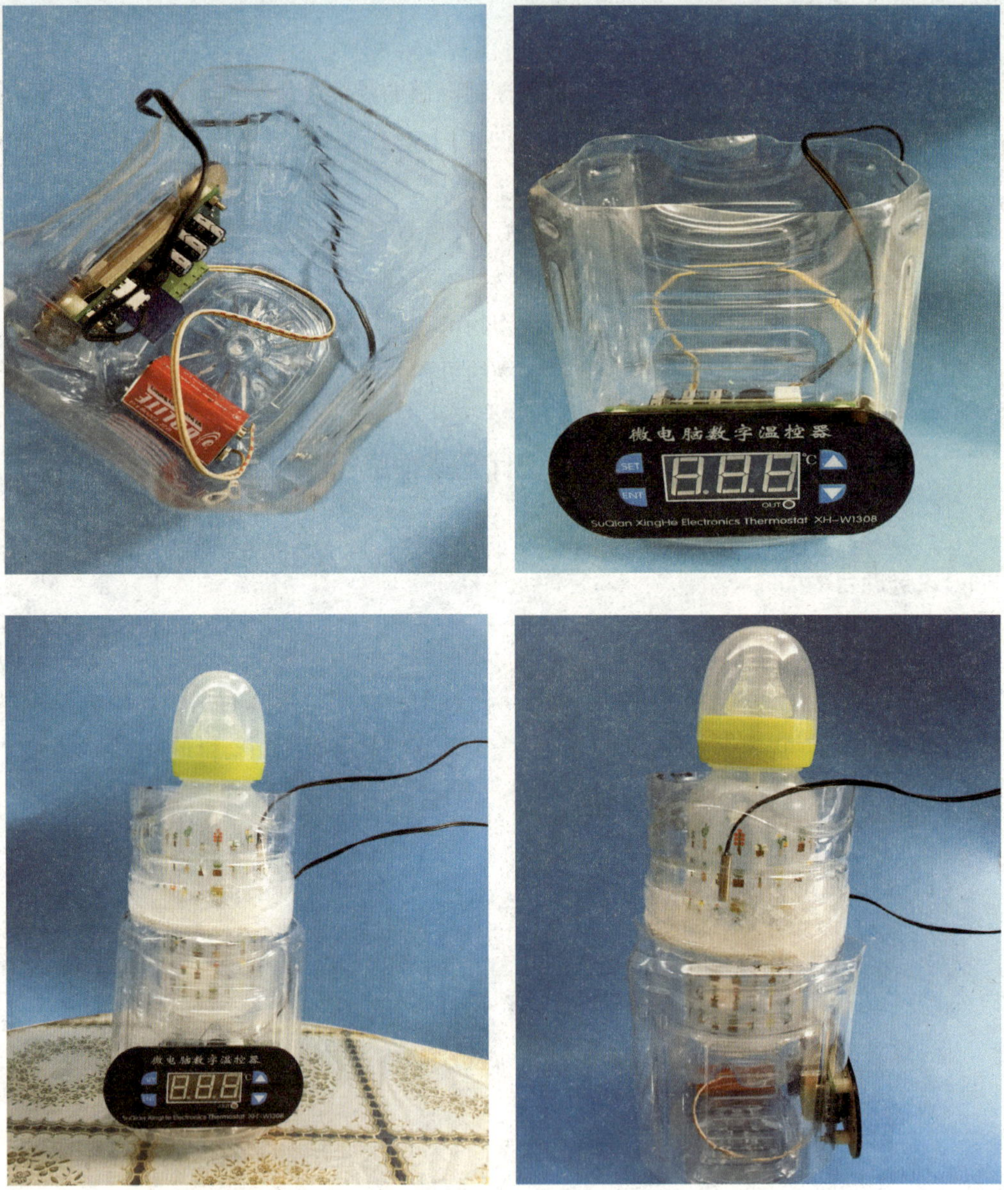

图 4－9　制作成品与展示

第五章
体育中的物理学

一、学海拾贝

“生命在于运动”，但我们也不能盲目运动，必须要有科学的指导。而运动中的许多问题又与物理知识相关联，因此了解体育中的物理学知识对体育运动有很好的指导意义。

（一）拔河比赛中的力学知识

图 5－1　拔河比赛

拔河比赛是一项集体比赛运动，如图 5－1 所示。要想取胜除充分利用有利因素外，还要掌握一定的技巧。现以两人拔河为例分析取胜的条件。假设两人拔河，拔河用的绳子质量不计且保持水平，拔河人双脚并立视为一点，取拔河的整体视为研究对象，系统所受的力有：两人的重力 G_1、G_2，地面对人的支持力 N_1、N_2，地面对人的静摩擦力 f_1、f_2，如图 5－2 所示。图中 F_1 与 F_2 是系统的一对大小相等的内力，不影响系统的运动状态变化，G_1 与 N_1、G_2 与 N_2 的矢量和都为零，可见拔河的胜负（系统运动状态的改变）取决于地面对两人的静摩擦力 f_1、f_2。隔离拔河比赛中的一方作为研究对象，如图 5－2 中所示。当人保持不动时，f_1 随 F_1 变化，且 f_1 与 F_1 恒等。以着地点为支点有 $F_1L=G_1d$，这就是拔河比赛过程中的相持阶段。若 F_1 超过 f_1 的最大值，人将出现前滑；若 $F_1L>G_1d$，人将出现前倾；若 $G_1d>F_1L$，人将后倾；若 $f_1>F_1$，人将后移。前滑、前倾时人的重心将前移，在实际的拔河过程中，人的脚会不自主地向前移动，如不能及时改变前移状态则必然会导致失败，后倾时重心后移，为防止向后倾斜，人的脚会不由自主地向后移动，如能继续后移、后倾，便能胜利。

综合所述，拔河运动取胜的技巧是通过增大 d 值，获得增大的静摩擦力，设 f'、N'是 f_1、N_1的反作用力，如图 5－3 所示。人对地的蹬力 F 的水平分力和竖直分力就是 f'、N'，由于人对地的压力 N'大小始终等于人的重力，故蹬力的倾角 θ 的增大，是蹬力增大的必然结果，增大了蹬力 F，就有效地增大了地对人的静摩擦力。根据最大静摩擦力 $f_{max}=\mu_0 G$，可求出蹬力的最大倾角 $\theta_m=\arctan\mu_0$，相应的最大蹬力 $F_{max}=\dfrac{G}{\cos\theta_m}$。所以拔河比赛中，争取较大的静摩擦系数，即在拔河比赛规则允许的条件下选择鞋子、场地是不可忽视的，选派质量大的运动员也非常重要，而能否在拔河比赛中有效地获得最大蹬力的倾角则是拔河的技巧，胜负则是方方面面因素综合的结果。

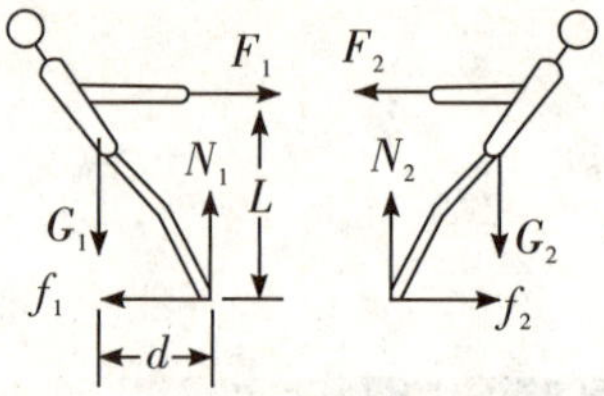

图 5－2　受力图

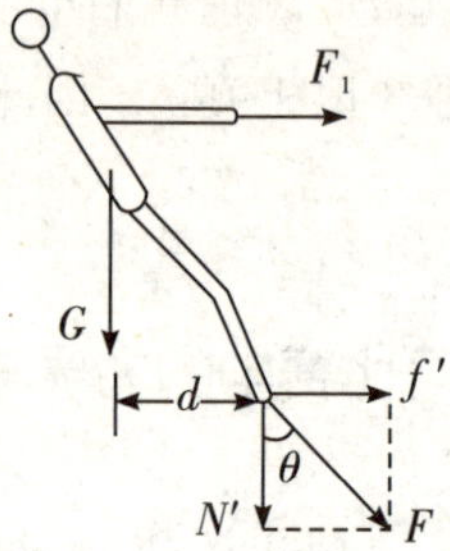

图 5－3　反作用力

（二）刷新跳高纪录的秘密

在田径运动中，跳高的纪录提升得很快。1860 年，英国运动员伯顿创造的第一个男子跳高世界纪录仅是 1.70 m，而现在的世界纪录已经超过 2.40 m，是原来的 1.4 倍多。

是不是人类的弹跳力在不断提高？美国科学家在哥伦比亚大学做了一次试验，他们请了 270 名男学生做立定跳高测验，结果发现他们的弹跳力基本上相同，一次立定弹跳只能使他们的重心升高 0.51 m 左右。即使最优秀的运动员也只能使自己的重心比一般人多升高 0.2 m 左右，也就是 0.7 m 左右，因此人的弹跳力是差不多的，看来弹跳力不是跳得高的决定因素。

人类到底能跳多高？从跳高运动史看，跳高的姿势在 100 年内发生了 5 次变革，跨越式、剪式、滚式（图 5－4）、俯卧式、背越式（图 5－5）5 种。每改变一次姿势，跳高的世界纪录就可以提高一大截。1.70 m 的第一个世界纪录是用跨越式创造的。第二届奥运会上，巴克斯捷尔越过 1.90 m 的横杆，用的是剪式。1912 年美国运动员霍林用滚式创造了 2.01 m 的好成绩。29 年后，美国运动员又用俯卧式以 2.11 m 的成绩创造了新的世界纪录。现代新的姿势是背越式，背越式出现以后，跳高的纪录就扶摇直上。现在的世界纪录是 2.45 m，由古巴运动员索托马约尔于 1993 年 7 月 27 日在萨拉曼萨（卡）创造。我国选手朱建华也曾创造该项目的世界纪录，朱建华现在还保持着 2.39 m 的亚洲纪录，这一成绩是 1984 年的世界纪录，而跳高的世界纪录还将不断地被刷新。

图 5－4　滚式跳高

图 5－5　背越式跳高

看来，跳高姿势的变化才是不断刷新跳高成绩的关键，但是姿势的变化中包含着什么物理原理呢？

只有懂得了重心的人才能发掘其中的奥秘。让我们看一看采用各种姿势跳高的图解，就会发现采用不同姿势过杆的运动员，在越过横杆的时候，他们的重心到横杆的距离不一样。跨越式过杆的时候，人体的重心必须在横杆上面几十厘米，即使是优秀的运动员也得有 0.3 m 左右。

下面让我们做一个简单的计算，假如运动员的身高是 1.83 m，他直立的时候，重心距地面 1.09 m，立定跳高可以达到 0.7 m，如果用跨越式过杆，重心在横杆上 0.3 m，这样他跃过横杆的高度大约是 1.49 m。所以要达到跨越式创造的世界纪录 1.70 m 是很不容易的。如果这个运动员换一个姿势，用俯卧式或背越式这两种姿势过杆的时候，重心十分接近横杆。那么他的跳高成绩提高到 1.70 m 是并不费力的，但是要超过 2 m 仍有困难。

让人体的重心擦着横杆越过去，是不是就达到了跳高成绩的极限了呢？

不是的，背越式跳高是让重心从横杆的下面钻过去的，如图 5－6 所示。这听来似乎不可思议，你可不要误会，我们不是说让运动员从杆下面钻过去，而是让他的重心从杆下面钻过去，我们发现运动员做后桥动作的时候，重心在他的腰的下方，如果运动员用类似这样的动作过杆，重心就可以从杆下钻过去了。

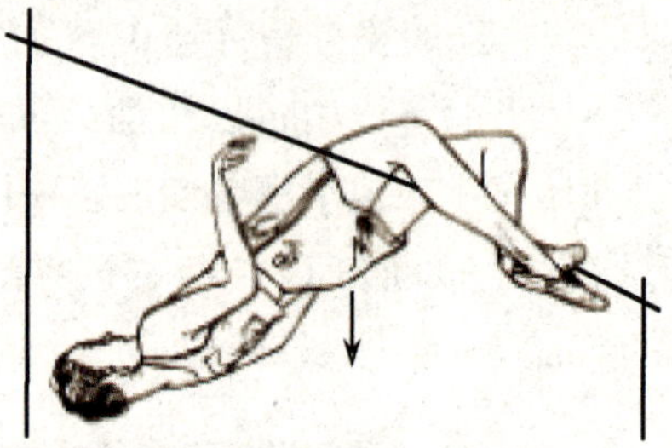

图5-6　背越式的重心

背越式跳高的原理是这样的：运动员起跳时，身体转动背对横杆，用力向上摆动腿和双臂以增加蹬地的力量，当人体腾空过杆的时候，运动员用伸直双腿的办法保持自己的重心较低，腰向后大幅度弯曲，头和双肩先越过横杆，再迅速收腿。这时候，双肩和背部的重量代替了起跳时的双腿，继续保持较低的人体重心。所以在运动员越过横杆的过程中，重心保持在横杆下方。优秀的运动员可以使自己的重心在横杆下面0.2 m左右，重新计算一下上面的数字，就是1.09 m+0.7 m+0.2 m=1.99 m。以上的计算完全是按照立定跳高的要求算的。实际上，运动员的助跑和起跳时的摆腿等动作可以把重心提高0.51 m左右，所以进一步刷新世界纪录是完全可能的。

（三）为什么短跑要采用蹲踞的姿势

在桌面上竖立一段木棒，在底部轻轻水平推动，木棍可以直立地移动，但如果用力过大，木棒就会向后翻倒。如图5-7所示。

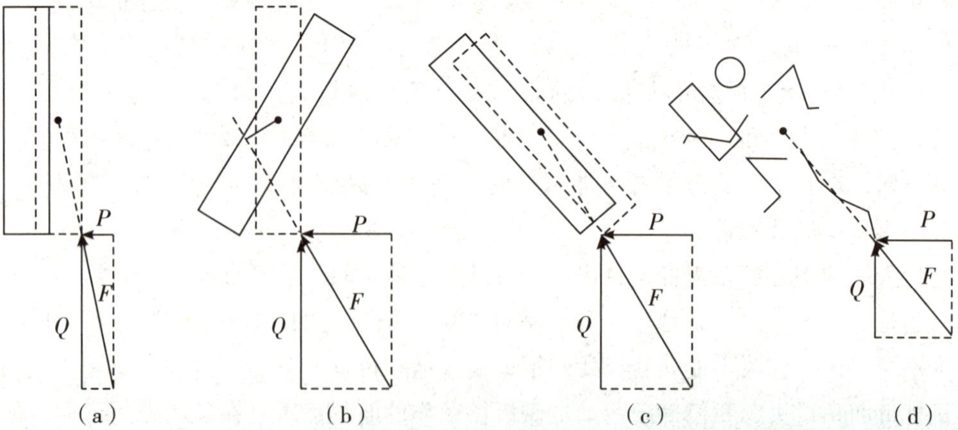

图5-7　木棒受力图

如图5-7（a）所示，木棒被推时，它的底部受到两个力，一是推力 P，一是桌

面的托力 Q，这两力的合力为 F。

如果 F 通过木棒的重心，木棒就不会发生倾斜。

反之，如果 F 不通过重心，木棒就发生倾斜而向后翻倒，如图 5－7（b）所示。

现在，左手托着木棒使它斜立，突然放手，同时，右手用力推动木棒底部。若 P 力大小适合，木棒就不会向后翻倒，能够向前加速一段路程，如图 5－7（c）所示。

短跑是分秒必争的径赛，必须争取较大的起跑加速度，也就是起跑时向前的推力 P 要足够大。因此，采用蹲踞的姿势起跑，使地面（或助跑器）作用于足部的合力 F 通过人体的重心，如图 5－7（d）所示，人体就不会后仰且可以获得更大的推力。

（四）自由泳时，下肢怎样获得推进力

由牛顿第三运动定律，我们知道作用力与反作用力大小相等且方向相反。

蛙泳时，双脚向后蹬水，水受到向后的作用力，则人体受到向前的反作用力，这就是人体获得的推进力。但是，在自由泳时，下肢是上下打水，为什么能获得向前的推进力呢？

如图 5－8 所示。人体自由泳时，下肢在某一时刻的动作：右脚向下打水，左脚向上打水。可见，由于双脚与水的作用面是倾斜的，故双脚所受的反作用力 P 和 Q 是斜向前的（水所受的作用是斜向后的）。P 的分力为 P_1 和 P_2，而 Q 的分力为 Q_1 和 Q_2。P_1 和 Q_1 都是向前的分力，这就是下肢获得的推进力。

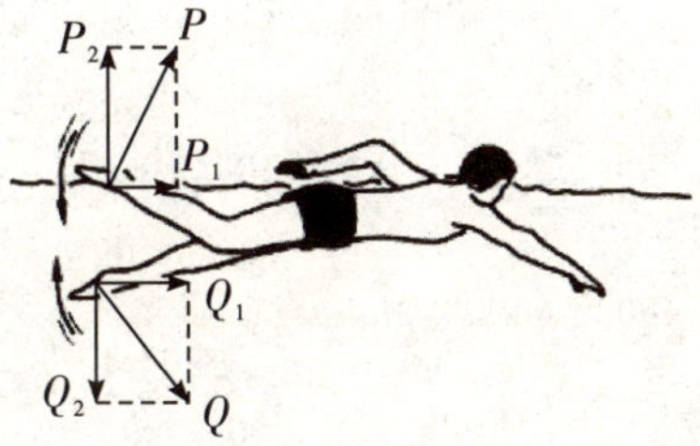

图 5－8　自由泳受力图

同样道理，鱼类在水中左右摆尾，却获得向前的推进力，也是由于向前的分力所致。

二、生活广角

“香蕉球”的奥秘

如果你经常观看足球比赛的话，一定见过罚前场直接任意球。这时候，通常是防守方五六个球员在球门前组成一道“人墙”，挡住进球路线，而进攻方的主罚队员起脚一记劲射，球竟然绕过了“人墙”，眼看要偏离球门飞出，却又沿弧线拐过弯来飞入球门，让守门员措手不及，眼睁睁地看着球进了大门。图 5－9 所示就是神奇的“香蕉球”。

为什么足球会在空中沿弧线飞行呢？原来，罚“香蕉球”的时候，运动员并不是拔脚踢中足球的中心，而是稍稍偏向一侧，同时用脚背摩擦足球，使球在空气中前进的同时还不断地旋转。这时，一方面空气迎着球向后流动，另一方面，由于空气与球之间的摩擦，球周围的空气又会被带着一起旋转。这样，球一侧空气的流动速度加快，而另一侧空气的流动速度减慢。物理知识告诉我们：气体的流速越大，压强越小。由于足球两侧空气的流动速度不一样，它们对足球所产生的压强也不一样，于是，足球在空气压力的作用下，被迫向空气流速大的一侧转弯了。

图 5－9　射门时的香蕉球

打乒乓球时，运动员在削球或拉弧圈球时，球的线路会改变，道理与“香蕉球”一样。

三、科技活动

活动：探究标枪中射程最远时的抛射角

（一）知识链接

体育运动中，无论是铅球、标枪、足球和篮球运动，由于受到空气阻力的影响，物体在空中都是做实际的斜抛运动。如图 5－10 所示。在竞技体育运动水平几乎达到极限的今天，胜败往往只在毫厘之间，除运动员强健的肌肉和良好的心理素质外，对力学规律的分析和研究对提高运动员竞技水平尤为重要。

图 5－10　体育中的斜抛运动

我们由物理知识可知，在没有空气阻力时的理想情况，当抛射角为45°时，射程最远。

但在实际运动中，由于物体的运动会受到空气阻力的影响，所以实际上物体在运动过程中的射程和射高都比理论上来得小。据资料显示，实际生活中若分别使物体以初速度相同、射角不同做斜抛运动，射角为40°时射程最远。

投掷标枪的结果不仅与标枪的受力，投掷时的初速度、作用时间有关，而且还与空气阻力有关。本探究粗略地讨论了标枪投掷的距离与投射角之间的关系。

（二）探究过程

（1）猜想：投射的角度大概在45°左右时最远。

（2）设计实验：控制助跑的距离和投掷标枪时的初速度，用不同的投射角度投掷标枪，测量投掷距离，将结果填入下表中。

角度		30°	35°	40°	45°	50°
投掷结果	1					
	2					
	3					

（3）进行实验，收集数据。

（4）归纳与总结。

图5-11　投掷瞬间

（三）交流与分享

我们从探究数据得知，在标枪运动中并不是45°角投出的标枪飞得最远，而是以40°角投出的时候最远。同时运动员的身高也是一个不可忽略的因素。实际运动过程中，物体会受到空气阻力、风力等各种因素的影响，因此得出的结果也会与我们物理课本中在理想状态下得出的结论有所不同。

第六章
快速交通工具

一、学海拾贝

在高速运动中，摩擦力是最大的障碍。所以如何减小摩擦阻力对运动的影响是科学家常要思考的问题。到目前为止，一般的子弹型火车能以 200 km/h 的速度前进。由于火车与路轨之间的摩擦力限制了火车的最高速度，所以人们便开始研究能悬浮于路轨之上的火车，于是磁悬浮火车出现了。

顾名思义，磁悬浮火车就是利用磁力使火车悬浮于路轨之上。但是，利用一般的磁铁并不能把火车稳定地浮起。如果你将两块磁铁的北极相对，你会发现使一块磁铁稳定地浮在另一块上并不容易，如图 6－1 所示。所以，要让火车浮起并没有想象的那么简单。

那么，磁悬浮火车是如何浮起来的？德国科学家设计了一个名为“Transrapid”的系统，利用了“电磁力悬浮法”（EMS）让火车悬浮起来，如图 6－2 所示。在这个系统中，火车的底部包着一条导轨，在火车底部起落架的电磁铁向着导轨，磁力使火车悬浮在导轨之上约 1 cm，即使在静止的时候，火车仍然保持悬浮。其他导引磁铁则能使火车在行驶时保持稳定。

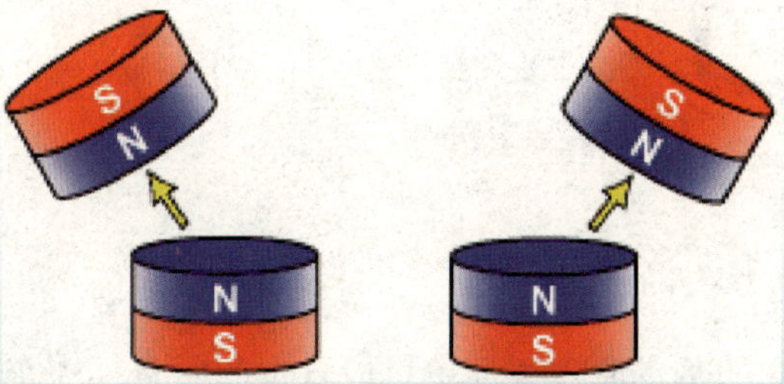

图 6－1　磁铁同极相斥

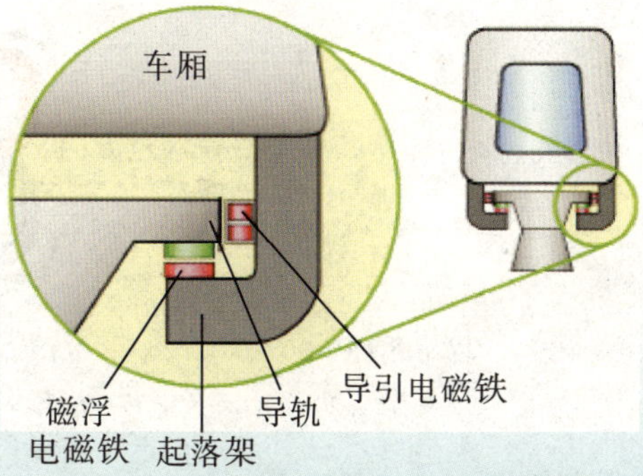

图 6－2　Transrapid 系统

而日本的科学家则利用“电动力悬浮法”(EDS)把火车浮起。学习了电磁感应之后，我们知道：当磁铁在导体附近移动时，导体内的磁场会改变，并产生感应电流，如图6-3所示。感应电流又能产生磁场，根据楞次定律，这样产生的磁场总是阻碍引起感应电流的磁通量的变化。“电动力悬浮法”就是利用了电磁感应的原理。图6-4(a)显示了这种磁悬浮火车的原理。火车在导槽内行走，槽的两边安有一系列“8”字形的线圈。当一辆列车快速驶过时，车两边的超导磁铁便会在线圈上感应出电流。巧妙的是，超导磁铁在“8”字形的线圈中心以下经过，因此“8”字形线圈下半部的磁通量改变比上半部大，感应出如图6-4(b)所示的电流。“8”字形线圈下半部的磁极与超导磁铁的磁极相同，上半部则与之相反，结果是这两部分的线圈对超导磁铁产生的磁力，都有一个向上的分力，把列车悬浮起来。由于“8”字形线圈只有在超导磁铁运动时才能感应出电流并产生磁性，因此当火车静止的时候，便不能浮起。所以，火车在激活时会首先靠轮子来滑行，直到产生的磁力足以承托火车的重量，才将轮子收起来，就好像飞机起飞一样。

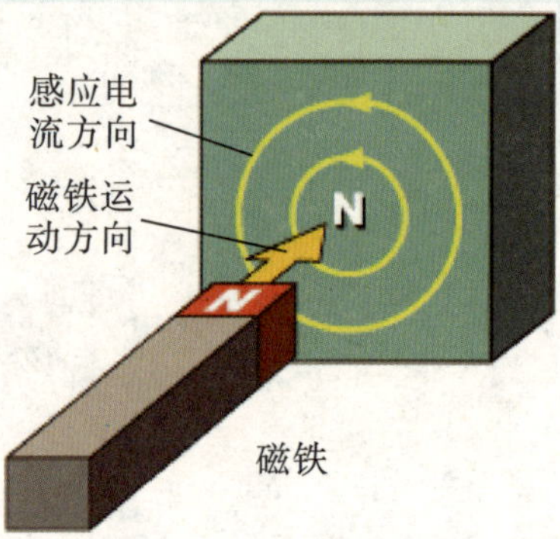

图6-3　磁铁产生感应电流

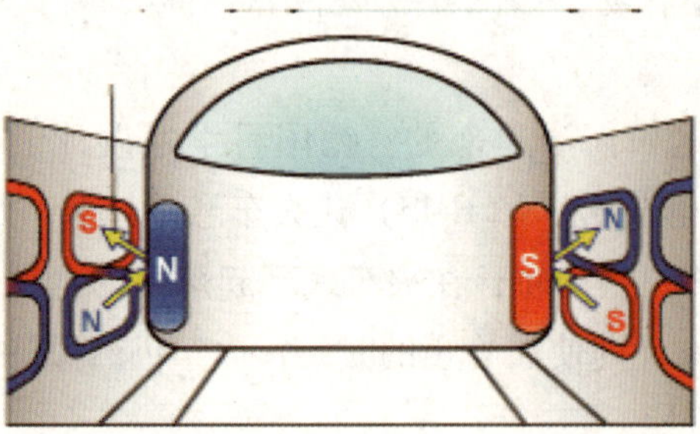

(a)

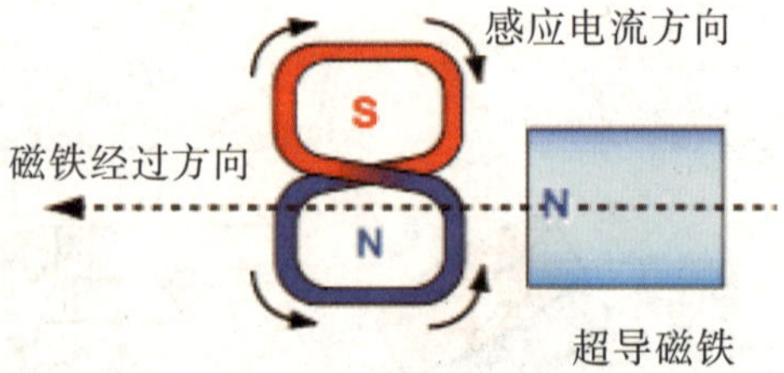

(b)

图6-4　电动力悬浮的原理

那么，磁悬浮火车是怎样被推动的？它的基本原理很简单。以日本的磁悬浮火车为例。移动的列车同超导磁铁在导槽两边的线圈感应出电流，根据这些信息，系统便会把交流电输入导槽两边的推进线圈，产生南北梅花间竹的磁极，对超导磁铁造成拉力和推力，使列车加速向前，如图 6－5 所示。

磁悬浮火车能悬浮在路轨上行驶，免除了火车与路轨之间的摩擦力，实现高速行驶。现在的磁悬浮火车最高时速已达 500 km。但磁悬浮火车有一个缺点，就是建造导轨的费用昂贵。磁悬浮火车只能在这些导轨上走，大大限制了它的发展。

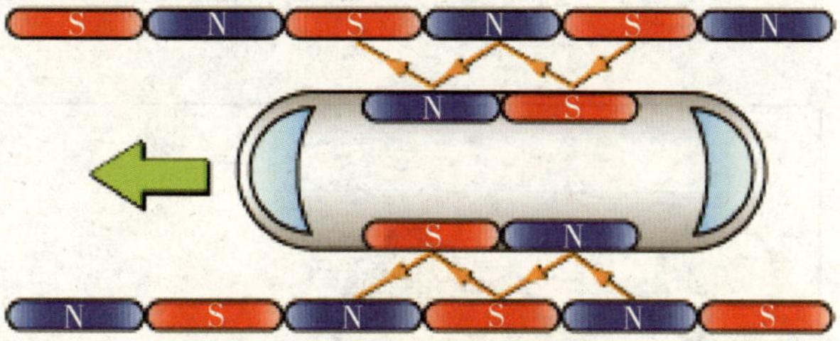

图 6－5　磁悬浮火车动力原理

我们国家也建造了世界上第一条商用的磁悬浮铁路，现正以 200 km/h 的高速穿梭于上海市中心和浦东国际机场之间，30 km 的路程只需 10 min。

二、生活广角

中国高铁发展历程

1. 预备阶段

1998 年 5 月，广深铁路电气化提速改造完成，设计最高时速为 200 km，为了研究通过摆式列车在中国铁路既有线实现提速至高速铁路的可行性，同年 8 月广深铁路率先使用向瑞典租赁的 X2000 摆式高速动车组。1998 年 6 月，韶山 8 型电力机车于京广铁路的区段试验中达到了时速 240 km 的速度，创下了当时的“中国铁路第一速”，是中国第一种预备型高速铁路机车。

2. 过渡阶段

中国铁路高速化的过渡始于 1999 年兴建的秦沈客运专线，全长 404 km，本线于 2003 年开通运营。秦沈客运专线虽然没有被列入“高铁”之列，但它依然和中国的其他提速线路有着很大的工程设计优势，包括改造后的京广线京武段、沪昆线沪长段、京哈铁路等线路，它为我国高速铁路的发展积累了经验。

3. 发展快铁

2004 年 1 月，我国发布了《中长期铁路网规划》，绘就了超过 12 000 km “四纵四横”的快速客运专线网，如图 6－6 所示。同年，中国在广深铁路首次运行时速达 160 km 的国产快速旅客列车。广深铁路被誉为中国快速铁路成长、成熟的“试验田”。

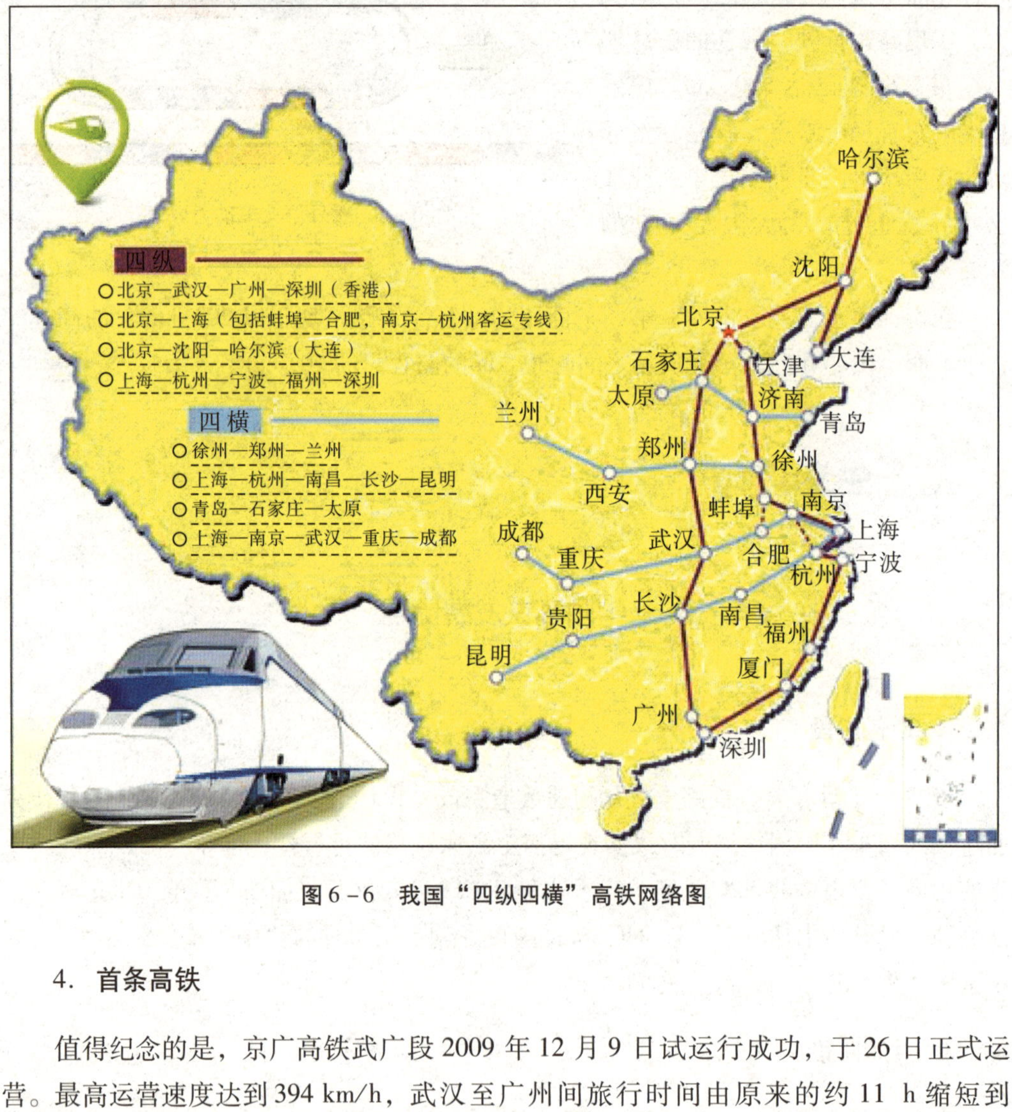

图 6－6　我国“四纵四横”高铁网络图

4. **首条高铁**

值得纪念的是，京广高铁武广段 2009 年 12 月 9 日试运行成功，于 26 日正式运营。最高运营速度达到 394 km/h，武汉至广州间旅行时间由原来的约 11 h 缩短到 3 h 左右，武汉到长沙直达仅需 1 h，长沙到广州直达仅需 2 h。武广高铁成为世界上运营速度最快、密度最大的高速铁路，也是中国第一条时速 350 km 的高铁。

5. **快速发展**

2010 年 2 月 6 日，世界首条修建在湿陷性黄土地区，连接中国中部和西部、时速 350 km 的郑西高速铁路开通运营。

2012 年 12 月 1 日，世界上第一条地处高寒地区的高铁线路——哈大高铁正式通车运营。

2013 年以来，随着宁杭、杭甬、盘营高铁以及向莆铁路的相继开通，高铁新增运营里程 1 107 km，中国高铁总里程达到 12 000 km，“四纵”干线基本成型。

2014 年 11 月 25 日，装载“中国创造”牵引电传动系统和网络控制系统的中国北车 CRH5A 型动车组进入“5 000 km 正线试验”的最后阶段。2014 年，中国铁路新线投产规模创历史最高纪录，铁路营业里程突破 112 000 km。高速铁路营业里程超过 16 000 km，稳居世界第一。

2016 年 7 月 15 日上午 8 时 30 分，代表着中国标准动车组试验任务的最高最新成果，一列中国标准动车组列车从郑州东站出发，开始全新“试跑”。2016 年 9 月 10 日，连接京广高铁与京沪高铁两大干线设计时速 350 km 郑徐高铁开通运营。

三、科技活动

活动：设计磁力火车

1. 研究设想

磁悬浮火车正是利用了“同名磁极互相排斥，异名磁极互相吸引”的原理，减小列车与轨道之间的摩擦达到提速的效果。我们也可以尝试利用这个原理设计磁力“火车”。

2. 工作原理

（1）磁铁外部的磁场方向由 N 极到 S 极。那么吸附在电池正负极的磁铁磁场方向是相反的。

（2）铜线圈通电以后，电池正极→磁铁→铜线圈→磁铁→电池负极会形成电流通路，产生磁场。

（3）当电流产生的磁场方向与电池一端（比如前端）的磁场方向相反时，必定与另一端（后端）相同。根据“同名相斥异名相吸”的原理，前方的磁场相互吸引而后方的磁场相互排斥形成的作用力就像无形的手推动着“小车”前进。如图 6－7 所示。

图 6－7　运行过程中

3. 实验过程

（1）材料准备：长 10 m 的电线，7 号或 5 号电池，4 个纽扣磁铁，直径大于 5 号电池的圆柱形长棍。如图 6－8 所示。

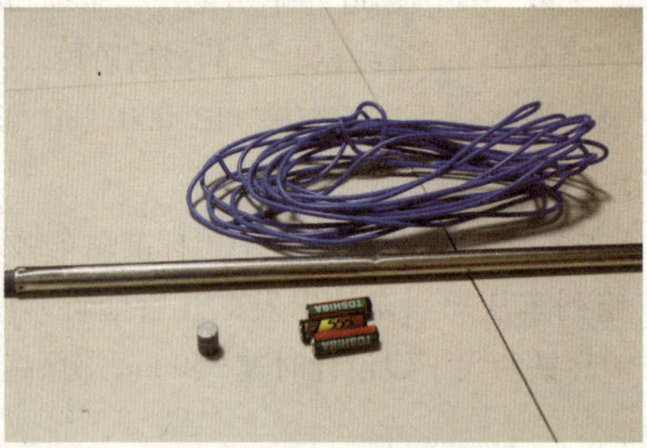

图 6－8　磁力火车材料准备

（2）制作过程：

①把电线的胶皮削掉，取出里面的铜线。

②把铜线绕着圆柱长棍紧密地缠绕成弹簧形，如图 6－9 所示。

③两个磁铁一组分别接在电池正、负两极，如图 6－10 所示。如果把电池抽走，两组磁铁必须是相斥的。

图 6－9　铜线绕制

图 6－10　电池与磁铁安装图

④保证电池有电，把电磁铁塞到铜线圈中。然后会有两种情况：电磁铁快速向前运动或者被推回圈外。如果是第二种情况，把电池调转方向再放入即可。

第七章
神奇的电现象

一、学海拾贝

在电学的发展历程中，电子的发现起了标志性的作用。那么电子究竟是怎样发现的呢？电子的发现过程是许多科学家共同努力的结果，这也是激励后来者不断探索的无限动力。我们这节课来了解一下这个过程。

（一）意外电击之后——莱顿瓶的发明

在 1800 年伏特发明伏打电池前，人们无法得到大量的、持续的电荷。

1745 年的一天，德国物理学家克莱斯特利用导线将摩擦所引起的电，引向装有铁钉的玻璃瓶。当他跟往常一样用手去触碰铁钉时，却突然感觉到猛烈的一击。为什么这次与往常不同呢？经过思考后，他意识到这只玻璃瓶内一定储存了很多电荷。同年，荷兰物理学家马森布鲁克因觉察到摩擦所引起的电荷容易在空气中消失，就想通过实验寻找一种储存电荷的方法。后来，他在致法国列氏温标的发明者列奥缪尔的信中，描述了他当年所做的一次实验：把盛水的容器放在右手上，试图用另一只手，从充电的铁柱上引出火花，偶然之间，手受到猛然一击，导致全身瞬间颤动。他还通过实验发现：将带电体放在玻璃瓶内可以把电保存下来，但当时尚弄不清楚储存电荷的是瓶子还是瓶内的水。

由于马森布鲁克是莱顿大学的教授，后来法国电学家诺莱特便将这种能储存电的瓶子称为“莱顿瓶”，这个实验叫“莱顿实验”。后来人们用锡箔或铅箔从内外两面把莱顿瓶包起来，使其储存电荷的效果更明显。现在我们知道，当时的莱顿瓶实际上就是一个最早问世的电容器。

但就是这个旧式电容器，却成了当时人们探索电世界奥秘的有力武器，并由此产生许多科学成果。例如，1746 年，英国学者斯宾士将莱顿瓶带到美国波士顿讲学，引起了富兰克林的极大兴趣，临别时，斯宾士将莱顿瓶等一部分仪器送给富兰克林。后来富兰克林又收到他的朋友英国皇家学会会员柯林逊从伦敦给他寄来的两只莱顿瓶，从此富兰克林走上了电学研究的道路，后来在电学上做出了许多重大贡献。

（二）电子的发现

电子的发现经历了一段很长的历史，前后历经100多年，可见难度之大，这个神奇微粒的发现，给我们的生活带来了非常巨大的变化。

1676年，法国的良卡德在晚上移动水银气压计时，发现了“水银荧光”现象，当气压计中的水银振荡时，在托里拆利真空部位会发出闪光。1705年前后，豪克斯比对这一现象进行了实验研究。他得出结论说，只有在部分真空中运动产生摩擦时才会出现荧光。1838年，法拉第改进了实验装置，抽去玻璃中的空气，并以两根黄铜棒做电极分别焊到管子的两端，通电后有光流从阳极射出，阴极也发出微弱的辉光。由于当时所能做到的真空度是7%个大气压，所以未能获得更多的发现。1857年，德国的仪器技工盖斯勒成功地把白金电极装进玻璃管，并得到了万分之一个大气压的真空度。1858年，德国物理学家普吕克利用“盖斯勒管”研究气体放电时发现辉光现象会随着磁场的变化而改变形状。普吕克的学生希托夫进一步把真空度提高到十万分之一个大气压，1869年他发现，如果置物体于阴极和产生荧光的管壁之间，物体就会产生清晰的影子，这表明了射线起源于阴极，后来德国物理学家哥尔德斯坦称这种射线为“阴极射线”。希托夫还证明了射线是沿直线运动的。1891年赫兹发现了阴极射线能够穿透金属薄片，此后勒纳德为阴极射线管开了一个0.000 265 cm厚的铝箔窗口，把阴极射线引到管外空间，使几厘米远处的荧光屏也发出荧光。1871年，瓦莱发现阴极射线能为磁铁偏转，是带负电的。1887年克鲁克斯得到了百万分之一个大气压的“克鲁克斯管”，他在实验中不仅验证了阴极射线是带电的，还发现阴极射线具有热效应并具有动量。英国物理学家汤姆孙1897年向英国皇家学院做了题为《阴极射线》的报告。汤姆孙应用磁性弯曲技术，从测定阴极射线束的曲率半径着手，推导出阴极射线的质荷比，从而证实了阴极射线是带负电的微粒，他把这种微粒子命名为“电子”，这就是人类发现电子的历史。

二、生活广角

静电复印机是集静电成像技术、光学技术、电子技术和机械技术于一体的办公设备。现代静电复印机普遍采用间接式静电复印法和NP静电复印法。以下主要介绍这两种静电复印机的基本原理与工作过程。

1. **卡尔逊静电复印法**

卡尔逊静电复印的过程本质上是一种光电过程，它所产生的潜像是一个由静电荷组成的静电像，其充电、显影和转印过程都是基于静电吸引原理来实现的。由于其静电潜像是在光照下光导层电阻降低而引起充电膜层上电荷放电形成的，所以卡尔逊静电复印法对感光鼓有如下要求：具有非常高的暗电阻率。这种感光鼓在无光照的情况下，表面一旦有电荷存在，能较长时间地保存这些电荷；而在光照的情况下，感光鼓的电阻率应很快下降，即成为电的良导体，使得感鼓表面电荷很快释放而消失。卡尔逊静电复印法所使用的感光鼓主要由硒及硒合金、氧化锌、有机光电导材料等构成，一般是在导电基体上（如铝板或其他金属板）直接涂敷或蒸镀一薄层光电导材料。其结构是上面是光导层，下面是导电基体。

卡尔逊静电复印法大致可分为充电、曝光、显影、转印、分离、定影、清洁、消电 8 个基本步骤。

2. **NP 静电复印法**

NP 静电复印法是卡尔逊静电复印法的改进和发展。基本过程主要由前消电/前曝光、一次充电（主充电）、二次充电/图像曝光、全面曝光、显影、转印、分离、定影、鼓清洁 9 个基本步骤组成。

NP 法静电复印的过程除了静潜像的形成和显影过程外，其他都与卡尔逊法静电复印过程基本相同。NP 法静电潜像的形成包括前消电/前曝光、一次充电、二次充电/ 图像曝光和全面曝光 4 个基本步骤。

三、科技活动

活动一：研究静电

活动 1：

过程：左手朝上拿住一个充足气的气球，右手掌心朝下快速摩擦气球，然后让右手掌心放在气球上，松开左手，这时气球会被你的掌心吸住。手掌越干燥，能吸住的时间就越长。

原理：由于摩擦生电，使掌心和气球带上了异种电荷，故能相互吸引。

活动 2：

找一根塑料包扎带，一端打结，从另一端开始将塑料袋撕成细条状（尽可能撕得细一点）。用左手自打结处开始迅速捋带子，一会细条便会散开，如图 7 – 1 所示。

原理：由于摩擦生电，使塑料条带上了同种电荷，故相互排斥而散开。

图 7－1　塑料条带电

活动 3：

取一只 8 W 日光灯，用干燥的布抹去灰尘。在暗室中用左手拿住灯管的一端，让右手在玻璃管上来回连续摩擦，就会使日光灯闪光。不断摩擦，日光灯管就会连续闪光。

原理：摩擦使灯管管身带上了大量电荷，形成的高电位使灯管内发生放电现象，故使得日光灯闪烁。

活动二："秤"出库仑定律
——库仑定律定性创新实验

说到库仑定律，大家都会想到著名的库仑扭秤实验，但这个实验原理比较复杂，特别是游丝扭过的角度跟产生的扭矩的关系，较难理解。在这里，我们把天平改造成库仑定律的定性分析实验工具。

1. 仪器创新

如图 7－2 所示，装置主要部分由有机玻璃或木制造，带电和分电小球是相同的乒乓球，小球的连接要注意绝缘性，这是至关重要的环节。可动横梁与立柱之间可用夹子连接，方便调节位置，夹子中用记号笔做读数位置的箭头。立柱和横梁上带有刻度。配重可以选用橡皮泥，以方便调节；也可以选用螺帽，通过旋转调节。游码是金属丝做成倒 U 形，具体大小根据实验需要调节，建议多准备几个不同质量的游码，实验时根据需要选取。此外还有起电器、镊子（用于移动游码）。

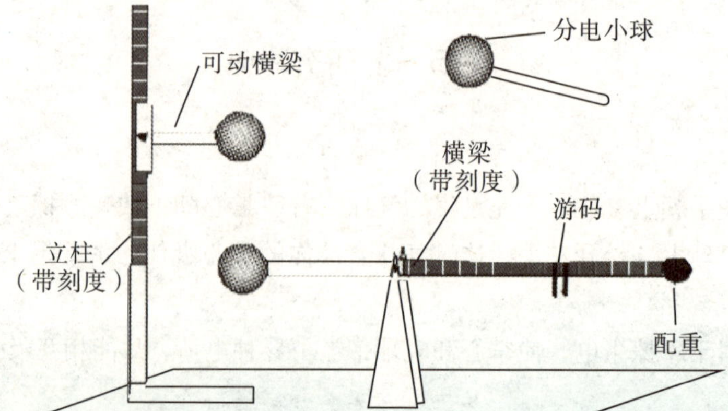

图 7－2　实验装置图

2. **实验步骤**

(1) 验证：两电荷距离一定时，库仑力大小与他们的电荷量的乘积成正比。

步骤：①调节杠杠平衡：单独放置杠杆，不放置游码，调节配重，直到平衡；

②让 A、B 球带上同种电荷（异种电荷互相吸引，有可能导致两球相接触而中和电荷），B 球下降，调节游码位置，使杠杆重新保持水平，记下游码位置 L_1；

③保持两球距离不变，用不带电的分电小球接触 A 球，带走 A 球一半电量，调节游码位置，使杠杆重新水平，记下游码位置 L_2；

④保持两球距离不变，用不带电的分电小球接触 B 球，带走 B 球一半电量，调节游码位置，使杠杆重新水平，记下游码位置 L_3。

记录数据：

试验次数	1	2	3
A、B 电量乘积	Q_AQ_B	$\frac{Q_AQ_B}{2}$	$\frac{Q_AQ_B}{4}$
游码位置			

分析数据，得出结论：

____

(2) 验证：电荷量不变时，库仑力的大小跟他们的距离的平方成反比。

步骤：①调节杠杆平衡：单独放置杠杆，不放置游码，调节配重，直到平衡；

②保持两球电量不变，调节 A 球的位置，使 A、B 两球球心距离为 R，让 A、B 球带上同种电荷，B 球下降，调节游码位置，使杠杆重新水平，记下游码位置 R_1；

③保持两球电量不变，重新调节 A 球的位置，使 A、B 两球球心距离为 $2R$，调节游码位置，使杠杆重新水平，记下游码位置 R_2；

④保持两球电量不变，重新调节 A 球的位置，使 A、B 两球球心距离为 $3R$，调节游码位置，使杠杆重新水平，记下游码位置 R_3。

记录数据：

试验次数	1	2	3
A、B 的距离	R	$2R$	$3R$
游码位置			

分析数据，得出结论：

____

3. **注意事项**

（1）建议用手摇式起电机起电，效果比毛皮摩擦过的橡胶棒和丝绸摩擦过的玻璃棒好得多，小球带电量较大，演示效果更明显。

（2）实验操作要尽可能快，减少因小球漏电、电量变小影响实验结果。

（3）天气潮湿不利于实验，建议天气干燥时做实验。

第八章
离不开的电磁学

一、学海拾贝

物理学对人类的贡献非常巨大，其中，电磁学的发展起了很大的作用。从汤姆孙发现电子开始，电磁学就开始日新月异的蓬勃发展。可以设想下，世界如果没有电与磁，会是一个怎样糟糕的局面，所以人们将电磁学的发展称为人类“第二次工业革命”。那么，我们这节课来学习生活中离不开的电磁学。

（一）发电机

杰出的英国物理学家法拉第从事电磁现象的实验研究，对电磁学的发展做出极重要的贡献，其中最重要的贡献是 1831 年发现的电磁感应现象。紧接着他做了许多实验确定电磁感应的规律，他发现当闭合线圈中的磁通量发生变化时，线圈中就产生感应电动势，感应电动势的大小取决于磁通量随时间的变化率。后来，楞次给出了感应电流方向的描述，诺埃曼概括了他们的结果并给出感应电动势的数学公式。

法拉第在电磁感应的基础上制出了第一台发电机。此外，他把电现象和其他现象联系起来进行广泛研究，1833 年，成功地证明了摩擦起电和伏打电池产生的电相同；1834 年，发现电解定律；1845 年，发现磁光效应，并解释了物质的顺磁性和抗磁性；他还详细地研究了极化现象和静电感应现象，并首次用实验证明了电荷守恒定律。

电磁感应的发现为能源的开发和广泛利用开创了崭新的前景。1866 年西门子发明了可供实用的自激发电机；19 世纪末实现了电能的远距离输送。电动机在生产和交通运输中得到了广泛使用，从而极大地改变了工业生产的面貌。

（二）电磁场和电磁波

人类对于电磁现象的广泛研究，使法拉第逐渐形成了特有的“场”的观念。他认为：电力和磁力不是通过空间的超距作用，而是通过电力线和磁力线来传递的，它们是认识电磁现象必不可少的组成部分，甚至比产生或“汇集”力线的“源”更富有研究的价值。

法拉第的丰硕的实验研究成果以及他的新颖的场的观念，为电磁现象的统一理论准备了条件。诺埃曼、韦伯等物理学家对电磁现象的认识也有过不少重要贡献，他们从超距作用观点出发，概括库仑以来已有的全部电学知识，但在建立统一理论方面并未取得成功。这一工作在 19 世纪 60 年代由卓越的英国物理学家麦克斯韦完成。

麦克斯韦认为变化的磁场在其周围的空间激发涡旋电场；变化的电场引起媒质电位移的变化，电位移的变化与电流一样在周围的空间激发涡旋磁场。麦克斯韦明确地用数学公式把它们表示出来，从而得到了电磁场的普遍方程组——麦克斯韦方程组。法拉第的力线思想以及电磁作用传递的思想在其中得到了充分的体现。

麦克斯韦进而根据他的方程组，得出电磁作用以波的形式传播，电磁波在真空中的传播速度等于电量的电磁单位与静电单位的比值，其值与光在真空中传播的速度相同，由此麦克斯韦预言了光也是一种电磁波。

1888 年，赫兹根据电容器放电的振荡性质，设计制作了电磁波源和电磁波检测器，通过实验检测到电磁波，测定了电磁波的波速，并观察到电磁波与光波一样，具有偏振性质，能够反射、折射和聚焦，从此麦克斯韦的理论逐渐为人们所接受。

麦克斯韦电磁理论通过赫兹电磁波实验的证实，开辟了一个全新的领域——电磁波的应用和研究。1895 年，俄国的波波夫和意大利的马可尼分别实现了无线电信号的传送。后来马可尼将赫兹的振子改进为竖直的天线。德国的布劳恩进一步将发射器分为两个振荡电路，为扩大信号传递范围创造了条件。1901 年马可尼第一次建立了横跨大西洋的无线电联系。电子管的发明及其在线路中的应用，使得电磁波的发射和接收都成为易事，推动了无线电技术的发展，极大地改变了人类的生活。

二、生活广角

电流的磁效应

在电学发展史上，不得不提的是意大利物理学家伏打发明了电池，在这之前，电学实验只能用摩擦起电机的莱顿瓶进行，而它们只能提供短暂的电流。

1780 年，意大利的解剖学家伽伐尼偶然观察到与金属相接触的蛙腿发生抽动。他进一步的实验发现，若用两种金属分别接触蛙腿的筋腱和肌肉，当两种金属相碰时，蛙腿也会发生抽动。1792 年，伏打对此进行了仔细研究之后，认为蛙腿的抽动是一种对电流的灵敏反应。电流是两种不同金属插在一定的溶液内并构成回路时产生的，而肌肉提供了这种溶液。基于这一思想，1799 年，他制造了第一个能产生持续电流的化学电池，其装置为一系列按同样顺序叠起来的银片、锌片和用盐水浸泡过的硬纸板组成的柱体，叫作伏打电堆。

化学电源发明后，很快发现可以利用它做到许多不寻常的事情。1800 年卡莱尔和尼科尔森用低压电流分解水；同年里特成功地从水的电解中搜集了两种气体，并从硫酸铜溶液中电解出金属铜；1807 年，戴维利用庞大的电池组先后电解得到钾、钠、钙、镁等金属；1811 年他用 2 000 个电池组成的电池组制成了碳极电弧。从 19 世纪 50 年代起碳极电弧成为灯塔、剧院等场所使用的强烈光电源，直到 70 年代才逐渐被爱迪生发明的白炽灯所代替。

虽然早在 1750 年富兰克林已经观察到莱顿瓶放电可使钢针磁化，甚至早在 1640 年，已有人观察到闪电使罗盘的磁针旋转，但到 19 世纪初，科学界仍普遍认为电和磁是两种独立的作用。与这种传统观念相反，丹麦的自然哲学家奥斯特接受了德国哲学家康德和谢林关于自然力统一的哲学思想，坚信电与磁之间有着某种联系。经过多年的研究，他终于在 1820 年发现电流的磁效应：当电流通过导线时，引起导线附近的磁针偏转，如图 8－1 所示。电流磁效应的发现开拓了电学研究的新纪元。

图 8－1　电流的磁效应

三、科技活动展示

活动：制作小型火花间隙特斯拉线圈

在千变万化的色彩世界，我们可以制作出一个可以火花放电的线圈。通过对电容器的不断充电、放电来实现瞬间放电的目的，同时通过电感线圈来进行延时。

1．原理

特斯拉线圈由尼古拉·特斯拉于 1891 年发明。原理是使用变压器使普通电压升压，然后经由两极线圈，从放电终端放电的设备。通俗一点说就是一个人工闪电制造器。特斯拉线圈由两个回路通过线圈耦合，如图 8－2 所示，首先电源对电容 C_1 充电，当电容的电压高到一定程度超过了打火间隙的阈值，打火间隙击穿空气打火，变压器初级线圈的通路形成，能量在电容 C_1 和初级线圈 L_1 之间振荡，并通过耦合传递到次级线圈；次级线圈也是一个电感，放顶罩 C_2 和大地之间可以等效为一个电容，因此也会发生 LC 振荡，当两级振荡频率一样发生谐振的时候，初级回路的能量会涌到次级，放电端的电压峰值会不断增加，直到放电。

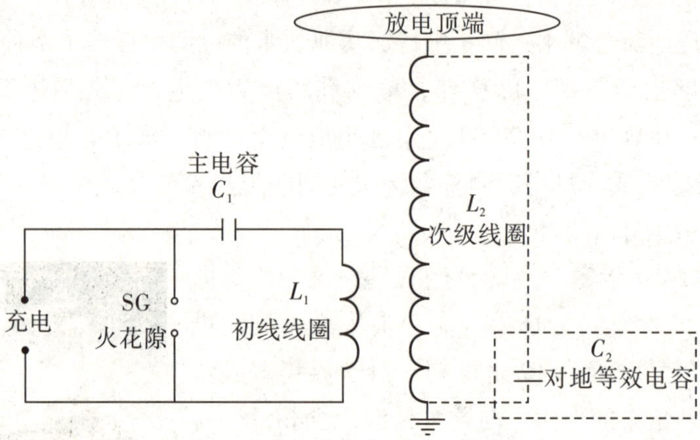

图 8-2　电路图

2. **制作过程**

先准备材料，如图 8-3 所示。电路设计如图 8-2 所示。接着就是制作并完成作品，如图 8-4 所示。最后进行放电实验，如图 8-5 所示。

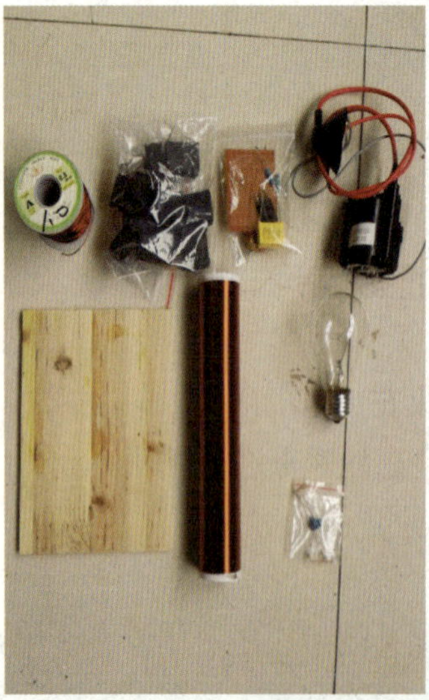

图 8-3　材料准备

图 8-4　完成实物

图 8-5　放电效果

第九章
天涯若比邻——物理与通信

一、学海拾贝

人类已进入信息化时代，“天涯若比邻”的现象常在我们身边发生。各种资讯的获取快捷、方便，这得益于物理通信技术的发展。那么通信技术经历了怎样的一个发展过程呢？让我们来了解一下吧。

（一）微波通信

19 世纪末，意大利人马可尼和俄国人波波夫成功地完成了用电磁波进行的无线电通信实验，开创了人类通信的新纪元。1931 年，在英国多佛与法国加莱之间建起了世界上第一条微波通信电路，使无线电通信技术进入新时代。此后，迅速发展的微波接力通信系统遍及全球，它的应用与发展促进了诸多领域的科技进步。

收音机收到的声音、电视机屏幕上的图像，都是由电台、电视台通过电磁波送来的。波长在 1 m（不含 1 m）至 0.1 mm 之间的电磁波，称为微波。使用微波进行的通信被称为微波通信。微波通信具有可用频带宽、通信容量大、传输损伤小、抗干扰能力强等特点，可用于点对点、一点对多点或广播等通信方式。

图 9－1　微波通信

第二次世界大战后，由于战争的需要，微波接力通信得到了迅速发展。1955 年，对流层散射通信在北美试验成功。20 世纪 50 年代开始进行卫星通信试验，60 年代中期投入使用。由于微波波段频率资源极为丰富，而微波波段以下的频谱十分拥挤，于是移动通信等也向微波波段发展。此外数字技术及微电子技术的发展，也促进了微波通信向数字微波通信过渡。

20 世纪 70 年代以后，随着数字通信以及微波元器件的迅速发展，新的远距离大容量数字微波接力系统，数字卫星通信系统和对流层散射通信系统日趋完善，小功率的微波设备已实现了全固体化。目前许多国家大部分长途电话和电视都依靠微波信道传输。

（二）光纤通信

光纤通信是以光波作为信息载体，运用光反射原理，用光信号取代电信号，以光导纤维作为传输媒介的一种通信方式。

1875 年，世界上第一台电话问世。5 年后，贝尔发明了一种利用光波做载体的光电话，但是由于找不到理想的光源和传输媒介，因此光纤通信长期得不到发展。直到 1966 年，英籍华人高锟博士首次利用无线电波传导信号的原理，提出了利用光纤长距离传输光波的设想，并且还认为可以生产出一种有实用意义的低损耗光纤，如图 9－2 所示。这一产品问世后，在世界各国出现了一个研究光纤通信的高潮。1975 年，美国亚特兰大实验系统的光纤通信实验成功。1983 年，美国贝尔实验室在美国东、西海岸铺设了长度分别为 600 km 和 270 km 的两条光纤通信的主干线。此后，世界其他国家也先后建立了许多中短距离的光纤通信系统。1972 年，我国开始进行光纤通信研究，而今已广泛用于邮电、电视等部门。

图 9－2　光纤

光纤通信的特点是通信容量大、传输距离长，一根细细的光纤可以承载很多个光信息，且以光速传播，损耗非常小；具有抗电磁干扰能力，传输信息不易丢失和失真；信号串扰小、保密性能好；便于铺设和运输。光纤通信是目前世界上最先进的通信方式，在传输电话、电报、传真、数据和图像时具有很好的稳定性和保密性，在军事通信领域有广泛应用。

二、生活广角

红外遥控器的工作原理

随着人们的物质文化生活水平日益提高，各种各样的家用电器走进了千家万户，与电器相配套的遥控器也给我们带来了方便。现在的遥控器都是采用红外遥控技术。

那么红外遥控的工作原理是什么呢？首先我们来了解什么是红外线。人的眼睛能看到的可见光按波长从长到短排列，依次为红、橙、黄、绿、青、蓝、紫。其中红光的波长范围为 0.62～0.76 μm；紫光的波长范围为 0.38～0.46 μm。比紫光波长还短的光叫紫外线，比红光波长还长的光叫红外线。

红外线遥控就是利用波长为 0.76～1.5 μm 之间的近红外线来传送控制信号的。常用的红外遥控系统一般分发射和接收两个部分。发射部分的主要元件为红外发光二极管，它实际上是一只特殊的发光二极管，由于其内部材料不同于普通发光二极管，因而在其两端施加一定电压时，它发出的是红外线而不是可见光。

目前大量使用的红外发光二极管发出的红外线波长为 0.94 μm 左右，外形与普通的发光二极管相同，只是颜色不同。红外发光二极管一般有黑色、深蓝、透明 3 种颜色。判断红外发光二极管好坏的办法与判断普通二极管一样：用万用表电阻挡测量一下红外发光二极管的正、反向电阻即可。

接收部分的红外接收管是一种光敏二极管。在实际应用中要给红外接收二极管加反向偏压，它才能正常工作，亦即红外接收二极管在电路中应用时是反向运用，这样才能获得较高的灵敏度。红外接收二极管一般有圆形和方形两种。由于红外发光二极管的发射功率一般较小（约 100 mW），所以红外接收二极管接收到的信号比较微弱，因此就要增加高增益放大电路。

成品红外接收头的封装大致有两种：一种采用铁皮屏蔽，另一种是塑料封装。均有 3 只引脚，即电源正（VDD）、电源负（GND）和数据输出（VO 或 OUT）。红外接收头的引脚排列因型号不同而不尽相同，可参考厂家的使用说明。成品红外接收头的优点是不需要复杂的调试和外壳屏蔽，使用起来如同一只三极管，非常方便。但在使用时注意成品红外接收头的载波频率。

现在红外遥控在家用电器、室内近距离（小于 10 m）遥控中得到了广泛的应用。

三、科技活动

活动：年级无线电测向赛

（一）知识链接

无线电测向运动是竞技体育项目之一，也是无线电活动的主要内容。它与我们的物理知识联系得很紧密。类似于众所周知的捉迷藏游戏，但它是寻找能发射无线电波的小型信号源（即发射机），是现代无线电通信技术与传统捉迷藏游戏的结合。大致过程是：在旷野、丛林等自然环境中，事先隐藏好数个信号源，定时发出规定的电报信号。参赛者手持无线电测向机，测出隐蔽电台的所在方向，采用徒步方式迅速、准确地逐个寻找出这些信号源。在规定时间内，找满指定信号源且用时短者为优胜。通常，我们把实现巧妙隐藏起来的信号源比喻成狡猾的狐狸，故此项运动又称无线电“猎狐”或“抓狐狸”。

同时，无线电测向竞赛又十分神秘，竞赛区域保密、电台位置保密，运动员在竞赛过程中独立思考和判断，没有指导，也没有任何人的帮助和提示。只有测向机是运动员的忠实伙伴，向“主人”指示那一只只“狐狸”的藏身之处，引导“主人”去一一抓获。

（二）比赛规则

比赛分为个人赛与团体比赛：

（1）个人赛：运动员单个竞赛，成绩取决于个人技能。

（2）团体赛：运动员单个竞赛。成绩为全队运动员个人成绩（时间、名次或得分）的总和，同时也可以计个人成绩。

（3）比赛波段：3.5 MHz、144 MHz、1.8 MHz 阳光测向。

（三）评分规则

（1）1.8 MHz 阳光测向按《2012 年全国青少年无线电测向锦标赛 1.8 MHz 阳光测向竞赛规则》评分，其他项目按《短距离无线电测向竞赛规则》评分。

（2）测向机制作评比：参加测向机制作评比的运动员，需自备装机的工具，如电源插板、万用表、焊锡、电池等。

图 9－3　无线电测向现场

第十章
法拉第的传奇一生

一、学海拾贝

在物理学的发展史上，法拉第做出了很大贡献，发现了法拉第电磁感应定律，实现磁生电，人类从此进入到电气时代。法拉第作为一名天才的电学大师，在电磁学的新领域中立起了前进的路标。1837 年他引入了电场和磁场的概念，指出电和磁的周围都有场的存在，这打破了牛顿力学“超距作用”的传统观念。1838 年，他提出电力线的新概念来解释电、磁现象，这是物理学理论上的一次重大突破。1843 年，法拉第用有名的“冰桶实验”，证明了电荷守恒定律。这些开创性的工作，足以让后人景仰。现在让我们来了解法拉第电磁感应定律的发现过程。

（一）定律的发现

1820 年，奥斯特发现电流磁效应后，有许多物理学家便试图寻找它的逆效应，提出了磁能否产生电，磁能否对电作用的问题。

1822 年，阿拉果和洪堡在测量地磁强度时，偶然发现金属对附近磁针的振荡有阻尼作用。1824 年，阿拉果根据这个现象做了铜盘实验，发现转动的铜盘会带动上方自由悬挂的磁针旋转，但磁针的旋转与铜盘不同步、稍滞后，电磁阻尼和电磁驱动是最早发现的电磁感应现象，但由于没有直接表现为感应电流，当时未能加以说明。

自 1820 年至 1831 年的 11 年间，许多著名的科学家，如安培、菲涅耳、德拉里夫等都投身于探索磁与电的关系之中，他们用各种磁场试图产生电流，但均无结果，11 年的研究进展不大。

法拉第在此期间受命于他的老师戴维（H. Davy）也开始转向电磁学方面的研究。他仔细分析了电流的磁效应等现象，认为电流与磁的作用应分几个方面：电流对磁、电流对电流、磁对电流等。已经发现了电流产生磁的作用、电流对电流的作用，那么反过来，磁也应该能产生电。他类比已知的知识：磁铁可以使近旁的铁块感应带上磁，静电荷可以使近旁的导体感应出电荷，那么电流也应当可以在近旁的线圈中感应出电流。他本着这种信念，在发现电磁感应现象之前6年的日记中就写下了他的光辉思想：“磁能转化为电”，并首先提出了“感应”（Induction）这个词，可见他对于电磁感应的存在是坚信不疑的。但如何从实验中去发现这种感应现象，却非易事。起初，法拉第也简单地认为用强磁铁靠近导线，导线中就会产生稳定的电流，或者在一根导线里通以强大的电流，那在邻近的导线中也会产生稳定的电流，他做了大量的实验，但均以“毫无结果”而告终。

法拉第经过10年的反复试验，直到1831年8月29日，法拉第发现了电磁感应的第一个效应，即以一个电流产生另一个电流。这就是著名的法拉第线圈实验，如图10－1所示。通过线圈实验，法拉第第一次成功地观察到电磁感应现象。

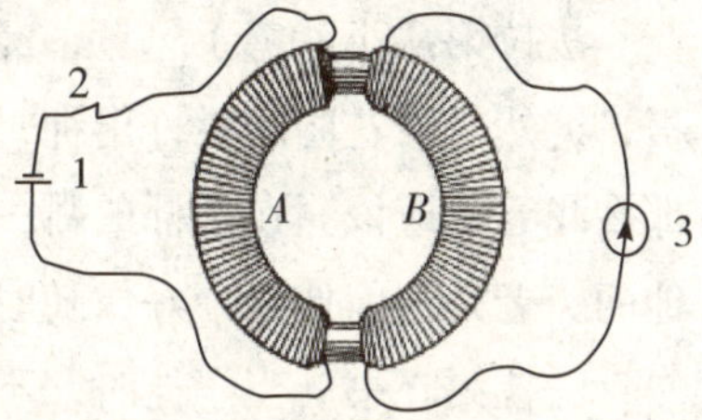

图10－1　法拉第线圈示意图

法拉第在线圈实验的基础上，进一步提出了两个极有见地的问题：第一，圆铁环能不能不要，没有它能否仍有感应效应？第二，不用 A 边线圈，而用磁铁相对于 B 边线圈运动，B 边线圈内是否仍有感应效应产生？法拉第带着这些问题又连续地做了许多实验，有了以下发现：

（1）在两条磁棒的N、S极中间放上一根绕有线圈的圆铁棒，线圈与一电流计连接，发现当圆铁棒离开或接近两极的瞬间，电流计的指针都会偏转。

（2）将线圈与电流计相连接，然后将一根永久磁铁迅速插入与拔出线圈，发现电流计指针也会偏转。

（二）定律的表述

当法拉第发现电磁感应是一种非恒定的暂态效应后，接着他做了大量实验，把产生感应电流的情形概括为5类：变化的电流、变化的磁场、运动的恒定电流、运动的磁铁、在磁场中运动的导体，并把这些现象正式定名为“电磁感应”。进而，法拉第发现，在相同条件下不同金属导体回路中产生的感应电流与导体的导电能力成正比，他由此认识到，感应电流是由与导体性质无关的感应电动势产生的，即使没有回路、没有感应电流，感应电动势依然存在。

后来，人们总结出若闭合电路为一个 n 匝的线圈，则产生的感应电动势可表示为：$E=n\dfrac{\Delta\Phi}{\Delta t}$。式中 n 为线圈匝数，$\Delta\Phi$ 为磁通量变化量，Δt 为发生变化所用时间，E 为产生的感应电动势。

而对于直导线，可以推导出其切割磁感线时产生的动生电动势的表达式为：$E = BLv\sin\theta$。其中 B 为磁感应强度，L 为直导线切割磁场的有效长度，v 为速度，θ 为 v 或 L 与磁感线的夹角。

这样就得到了我们现在意义上的法拉第电磁感应定律。

二、生活广角

法拉第从小就善于思考，经常提出一些有意义的问题。有一天，他到一家订户送报，突然对着花园的栏杆出神，心想：如果我的头伸进栏杆里，而身子还在栏杆外，那么我究竟应该算在栏杆的哪一边呢？法拉第好提问题，以致别人经常这样形容他：他的头老是往前伸着，好像随时准备向别人提问题似的。

法拉第在书店当学徒时，不但博览群书，而且参照书本做了许多实验。他的工钱除了吃饭以外，几乎全部花在买实验用品上。后来法拉第听了戴维的讲演，更下定了“献身于科学”的决心。据说法拉第进皇家学院实验室工作之前，戴维曾经同他交谈，戴维一边指着自己手上和脸上的伤疤，一边对法拉第说：“牛顿说过：‘科学是个很厉害的女主人，对于为她献身的人，只给予很少的报酬。’她不仅吝啬，有时候还很凶狠呢。你看，我为她效劳十几年，她给我的就是这样的奖赏。”法拉第坚定地说：“我不怕这个！”戴维又说：“这里工资很低，或许还不如你当订书匠挣的钱多呢！”法拉第回答说：“钱多少我不在乎，只要有饭吃就行。”戴维又追问：“你将来不会后悔吧？”法拉第频频点头说：“我绝不后悔！”就这样，法拉第正式踏进了科学的殿堂。

法拉第在科学的征途上走了半个多世纪，他始终如一地实践了自己“献身于科学”的诺言。由于法拉第在电学和化学研究上出了名，法院曾经聘请他做专家作证的工作。在不到一年时间里，法拉第获得了5 000镑的报酬。这时候，一位朋友劝法拉第辞去皇家学会的研究工作，告诉他：“如果继续干下去，每年可以稳赚二万五千镑”。当时皇家学会每年给法拉第的报酬只有500镑。爱科学不爱金钱的法拉第经过慎重考虑，为了专心进行科学研究，毅然辞去了专家作证的工作。

法拉第经常不分昼夜地在实验室里工作，为了利用每一分钟，凡是和实验无关的事情，他尽量推辞、谢绝，他不去朋友家吃饭，不上剧院看戏。他不停地做实验、记笔记。在他的实验日记上，记满了“没有效果”“没有反应”“不行”“不成”等字样。1855年出版的八卷《法拉第日记》就是他日夜辛勤工作的明证；他的一系列重大科学成果，就是他心血和汗水的结晶。法拉第退休以后还念念不忘皇家学院实验室，经常去那里扫地、擦桌子、整理仪器。

法拉第不计较名誉地位，更不计较钱财。他拒绝过制造商的高薪聘请，谢绝了大家提名他为皇家学会会长，也拒绝了维多利亚女王授予他的爵位。他终身在皇家学院实验室工作，甘愿做平民，1867 年 8 月 25 日，他在伦敦与世长辞。遵照他的“一辈子当个平凡的迈克尔·法拉第”的意愿，他的遗体被安葬在海洛特公墓，墓碑上只刻着三行字：迈克尔·法拉第，生于 1791 年 9 月 22 日，卒于 1867 年 8 月 25 日。图 10－2 为纪念他的雕像。

图 10－2　纪念法拉第的雕像

三、科技活动

在电磁感应定律中，磁感应强度是中学物理电磁学中的一个很重要的概念。在课本中，我们通过一个演示实验观察到的定性关系，附加说明导出了公式：$B = F/IL$。公式中 B 为磁感应强度，F 为导线受到的安培力，I 为导线中的电流，L 为通电直导线长度。今天，我们从法拉第电磁感应定律 $\varepsilon = \frac{\Delta\Phi}{\Delta t}$ 入手，设计一套实验装置测量匀强磁场的磁感应强度 B。

活动一：测试匀强磁场磁感应强度

1. 实验装置

如图 10－3 所示，在可调速直流电动机转轴上安装铝盘（或铜盘），铝盘一部分处在蹄形磁铁的匀强磁场中，铝盘和转轴都各与一电刷接触，铝盘、转轴、电刷、电压表通过导线构成闭合回路。靠近铝盘边缘处开一个小透光孔，小透光孔转到灯泡处，灯光通过小孔射向光探测器，用光电频率计记录下铝盘转动的频率。

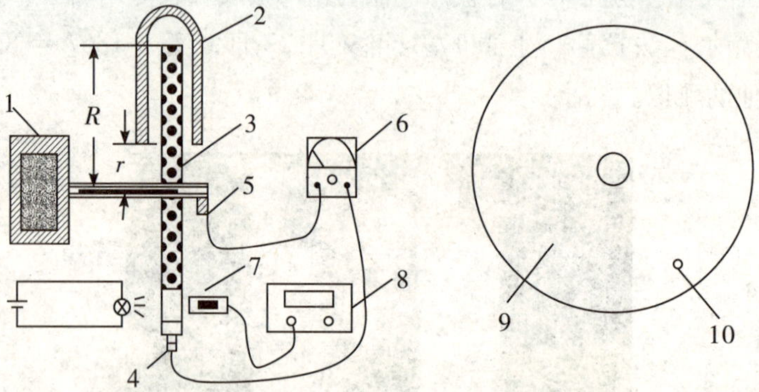

1. 直流电动机；2. 蹄形磁铁；3、9. 铝盘；4、5. 电刷；6. 电压表；
7. 光探测器；8. 光电频率计；10. 透光小孔

图 10－3　实验装置图

2. **实验内容**

按上图安装实验装置，测出铝盘半径 R 和处于匀强磁场之外的部分铝盘半径 r，如表 10－1 所示记录数据。改变电动机转速和电压表量程，分别测出若干组铝盘转动频率 f 和相应的感应电动势 ε。

表 10－1　转动频率 f 和相应的感应电动势 ε

R = ____mm，r = ____mm

项目	实验次数							
	1	2	3	4	5	6	7	8
f/Hz								
ε/V								

3. **数据处理**

蹄形磁铁两磁极之间的磁场可以认为是匀强磁场。设磁感应强度为 B，铝盘的大圆面积为 S_1，铝盘的小圆（不能进入匀强磁场区域的部分）面积为 S_2，铝盘转动的周期为 T、频率为 f。在 1 个周期 T 内铝盘的半径有效部分（即进入匀强磁场区域的部分）扫过的面积为 ΔS。则有

$S_1=\pi R^2$，$S_2=\pi r^2$，

$\Delta S=S_1-S_2=\pi(R^2-r^2)$。

由 $\varepsilon=\frac{\Delta\Phi}{\Delta t}$ 和 $\Delta\Phi=B\Delta S$，得

$$\varepsilon=\frac{B\Delta S}{\Delta t}=\frac{B\pi\ (R^2-r^2)}{T}=\frac{B\pi}{(R^2-r^2)\ f},$$

化简得 $B=\frac{\varepsilon}{\pi\ (R^2-r^2)\ f}$。

令 $k=\frac{1}{\pi\ (R^2-r^2)}$，则 $B=\frac{k\varepsilon}{f}$。

据表 10－1 记录的 f、ε，画出 ε 随 f 变化的直线，如图 10－4 所示，直线与 f 轴的夹角为 θ，得

$\tan\theta=\frac{\varepsilon}{f}$，则 $B=k\cdot\tan\theta$。

式中 k 可根据 R、r 测量值算出来，$\tan\theta$ 由三角函数表查出。

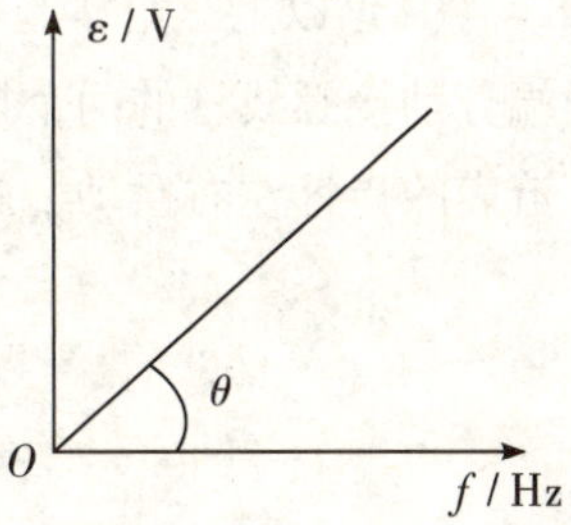

图 10－4　$\varepsilon-f$ 图象

活动二：探究法拉第电磁感应和楞次定律

实验装置如图 10－5 所示，图中 3、4、5 是等长的。在 4 的上端套一个螺线管，可以上下移动。螺线管上有两个反接的晶体二极管，颜色为红和绿。当强磁钉的 N 极朝下进入螺线管时，晶体二极管的红灯亮；当强磁钉的 N 极朝下远离螺线管时，晶体二极管的绿灯亮。螺线管的匝数可以选择，分别为 600 匝、800 匝和 1 200 匝。

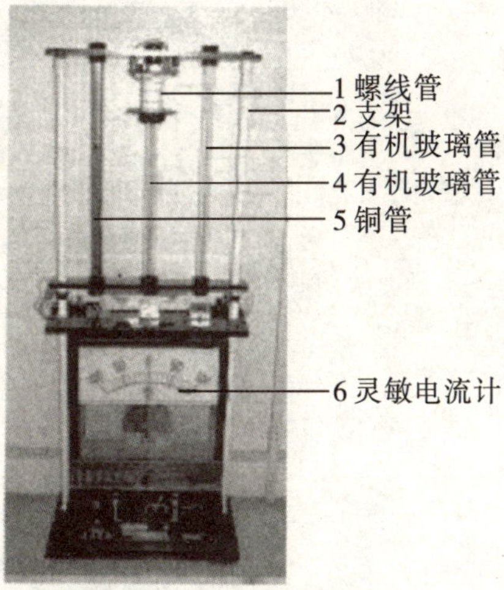

图 10－5　实验装置

实验 1：验证楞次定律

感应电流的磁场总要阻碍导体的相对运动。用两个完全一样的强磁钉分别从 3 和 5 的顶端自由下落，因为铜管中要产生感应电流（感应电流的磁场总要阻碍导体的相对运动），而有机玻璃管中不产生感应电流，所以实验现象是：强磁钉先从有机玻璃管中落下，过十几秒钟，另一个强磁钉才从铜管中出来。

实验 2：验证法拉第电磁感应定律（$E=N\Delta\Phi/\Delta t=N\Delta BS/\Delta t$）

（1）把螺线管套在有机玻璃管的顶端，匝数保持 800 匝不变，第一次让一个强磁钉从螺线管中自由下落，第二次让两个强磁钉从螺线管中自由下落。因为第二次磁感应强度更强，所以第二次晶体二极管的灯更亮（$E\propto\Delta B/\Delta t$）。

（2）螺线管分别放在有机玻璃管的顶端和底端时，让一个强磁钉从玻璃管的顶端自由下落。因为螺线管放在有机玻璃管的底端时，强磁钉下落速度快，通过螺线管时间更短，所以第二次晶体二极管的灯更亮（$E \propto \Delta B/\Delta t$）。

（3）把螺线管套在有机玻璃管的顶端，匝数分别用600 匝和1 200 匝，让一个强磁钉分别通过螺线管。发现：第二次晶体二极管的灯更亮（$E \propto N$）。

（4）以上三个实验可以接入灵敏电流表，定量观察。具体做法：用两根导线的一端分别接螺线管的两个接线柱，另一端分别接灵敏电流表的正负极。实验时，灵敏电流表的指针左右摆动，就可以观察或读数了。

第十一章
多彩的光世界

一、学海拾贝

人类的出现，光在这个漫长的过程中起到了决定性作用。植物因为有光而进行光合作用，为我们提供赖以生存的氧气。可以设想，一旦这个世界没有了光，那我们将失去一切。在自然现象中，我们常会看到多彩的天空。下面我们就来了解两个有趣的问题。

（一）蓝蓝的天空是怎样形成的

太阳光由七色光组成，可见的七色光由 7 种基本色调组成：赤、橙、黄、绿、靛、蓝、紫。光的颜色不同主要是因为它们的波长不同，可见光的波长范围是 380 ~ 760 nm；即只有波长在 380 ~ 760 nm 的光才能刺激你的眼睛，让眼睛产生“视觉”，然后大脑会对这些视觉刺激产生反应。

为什么在洁净的空气中太阳呈现出黄色，同时天空呈现出蓝色呢？在 19 世纪末期，英国物理学家瑞利首先对此做出了解释。在地球表面的人是透过经空气散射的太阳光来看天空的。在洁净的、未受污染的大气中，大部分的散射是空气中的分子（主要是氧和氮分子）引起的，这些分子的大小比可见光的波长要小得多。瑞利理论指出，散射光强和波长的四次方成反比，在这种情况下，散射主要影响波长较短的光。因为蓝色位于光谱的后面，所以天空本身呈现出蓝色。太阳光直接穿透空气，在散射过程中它失去许多蓝色，所以太阳本身呈现出灿烂的黄色。

根据瑞利散射的理论，当光波波长减少时，散射的程度急剧加强。所以光波波长最短的紫色光应该散射最强，靛青、蓝色和绿色的光散射要少得多。那么为什么我们看见的是蓝天，而不是紫色的天空呢？原来当散射光穿过空气时，吸收使它丧失了许多能量，波长很短的紫光和靛光虽然在穿过空气时，散射很强烈，但同时它们也被空气强烈地吸收，阳光到达地面时，所剩的紫色和靛色的散射并不多。我们所见到的天空颜色是光谱中蓝色附近颜色的混合色，所以呈现出来的天空就是蔚蓝的颜色。

除了散射外，太阳光还被空气中的臭氧分子和水蒸气所吸收。因为空气层散射和吸收的共同作用，最终到达地面的太阳光消耗了许多能量。正因为早晨和傍晚，太阳光经过空气的路程长，能量损失过多，所以我们可以欣赏壮丽的日出和美丽的日落。而在白天，阳光在大气中经过的路程短，能量损失少，这时用肉眼直视太阳会使人头晕目眩，是很危险的。

（二）日落时，天空为什么会变颜色

自然界中绚丽多彩的晚霞和日出东方时的壮丽景象是任何一位艺术家都难以描绘的。但是很少有人知道，我们目睹的大部分颜色是大气层污染造成的。城市的落日和空气清新的乡村落日是不同的。

在太阳刚刚落山前，你会看到太阳圆盘的周围有一圈灿烂的红色光环。这个光环是太阳光被远大于空气分子的灰尘颗粒折射的结果。这个光环看上去从太阳圆盘的中心向外延伸了大约 3 倍半径的距离。如果一阵大雨在落日前清洗一遍空气的话，落日时通常就看不到这个光环。瑞利的理论指出了光的散射强度将随着散射颗粒的增大而急剧增强，但这理论只适用于比光波波长小得多的微粒，对于直径超过 0.025 mm 的颗粒（例如空气分子）就不适用了。

现在空气中的污染物通常是悬浮的微粒，它们的直径从 0.01 mm 到 10 mm 不等。后来戈什塔夫·米证明了大粒子的散射取决于粒子线度与波长的比值，并于 1908 年提出了一个更为普遍的理论。这个理论指出，如果空气中有足够大的颗粒，它们将决定散射的情况。米氏的散射理论可以解释我们看见的城市天空的景象，颗粒越大，散射越多，且散射的效果取决于波长。散射不仅在光谱的蓝色区域强烈，而且在绿色到黄色部分也很强。

当落日缓缓地消失在地平线下面时，天空的颜色逐渐从橙色变为蓝色。即使太阳消失以后，贴近地平线的云层仍会继续反射着太阳的光芒。因为天空的蓝色和云层反射的红色太阳光融合在一起，所以较高天空中的薄云呈现出红紫色。几分钟后，天空充满了淡淡的蓝色，它的颜色逐渐加深，向高空延展。

但在一个高度工业化的区域，当污染物以微粒的形式悬浮在空中时，天空的颜色就截然不同了。圆圆的太阳呈现出橘红色，同时天空一片暗红。红色明暗的不同反映着污染物的厚度。有时落日以后，两边的天空出现两道宽宽的颜色，地平线附近是暗红色的，而它的上方是暗蓝色。当污染格外严重时，太阳看上去就像一只暗红色的圆盘，直至在它达到地平线之前，它的颜色才会逐渐褪去。所以，太阳光穿过了受到严重污染的空气层后，强度削弱了许多，这时太阳看上去更红一些，因为它已经失去它

蓝色、黄色和绿色的成分。

这些引人入胜的景色时刻提醒我们大气污染的严重性，无论污染是天然的还是人为的。城市日落一旦出现暗红色，那便是对我们的警告，所以应当禁止污染物排入大气。从我做起，保护好我们共同的家园——地球。

二、生活广角

（一）海市蜃楼

在沙漠中，迷路的人缺水缺粮，忽然看见了绿洲，但走近了却发现原来只是幻象，空欢喜一场。这虽然是电影中的桥段，但海市蜃楼是真有其事，那是大自然跟我们在玩光线的魔法，如图 11－1 所示。它的成因是光线在空气中被折射，再加上全反射的结果。

图 11－1　海市蜃楼现象

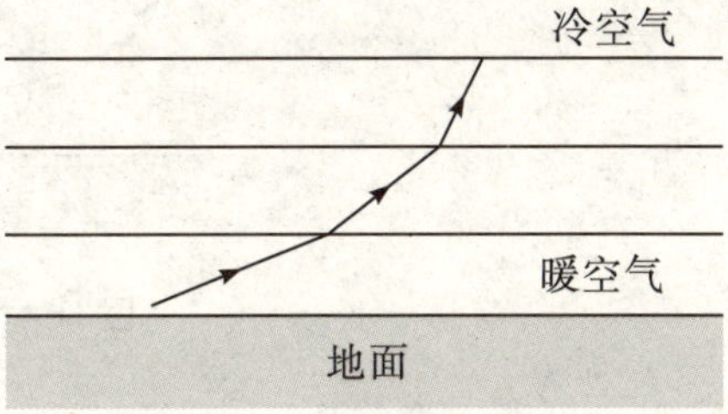

图 11－2　光线随温度变化曲线

要了解海市蜃楼的成因，首先要明白为什么光线在空气中会被折射。原来，不同温度的空气稀疏程度不同时折射率也不同。靠近地面的空气较热，折射率较低，我们可以把空气想象为许多层的介质，而每一层的折射率都不同，越接近地面，折射率越低。因此光线在空气中传播时，路线可能如图 11－2 所示。

另一方面，我们也要知道什么是全反射。如果光线微微倾斜地从玻璃射进空气，一部分的光线会被反射回去，另一部分就会被折射，进入空气，如图 11－3 所示。由于玻璃的折射率较空气高，所以折射角总是大于入射角，当入射角越来越大，被折射的光线便会越来贴近空气与玻璃的界面，当入射角大于临界角 c，光线便只会被反射，而不会折射出去，这个现象叫作全反射，如图 11－4 所示。

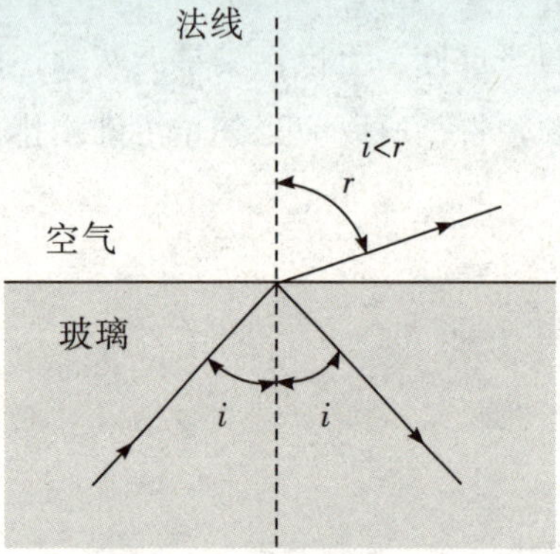

图 11－3　光的折射

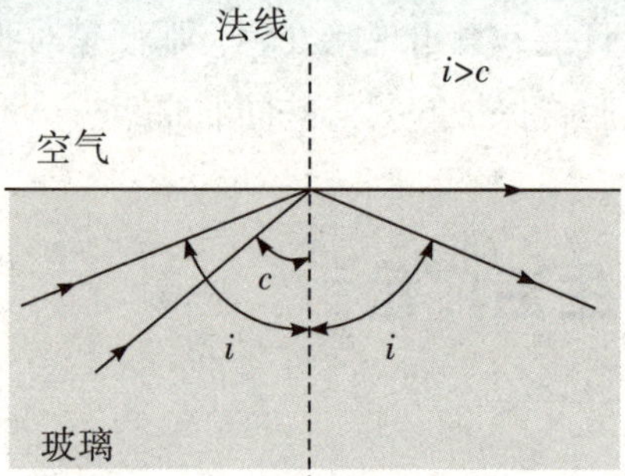

图 11－4　光的全反射

海市蜃楼发生时光线所走的路径如图 11－5 所示。假设有个绿洲，它在 A 点发出的光线被空气折射，走一条弯弯的路径。在 B 点，光线发生全内发射，使光线往上走。之后，光线再次被空气折射，最后光线进入站在 C 点的观测者的眼睛，使他形成错觉，误以为绿洲在离他很近的 D 处。

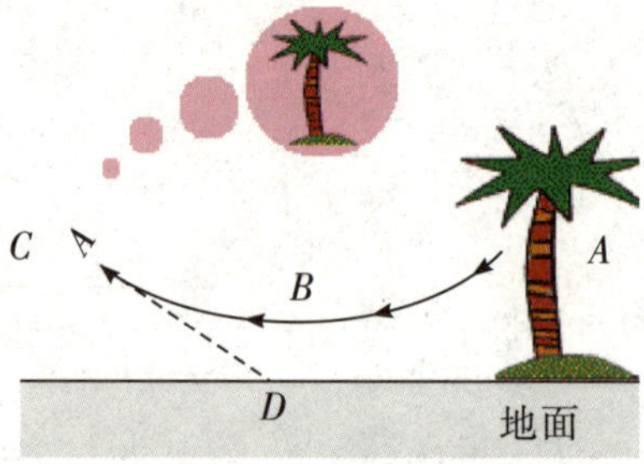

图 11－5　全反射时的光路

三、科技活动

彩　虹

雨过天晴，天边出现一道美丽的彩虹，如图 11－6 所示。令古今多少文人墨客浮想联翩，“赤橙黄绿青蓝紫，谁持彩练当空舞？”便是诗人对彩虹现象的一种浪漫的遐想。那么彩虹是怎样形成的呢？

要解释彩虹现象需要先了解光的反射定律、折射定律、色散等这些光学知识。当一束白光照到三棱镜上时会发生折射现象，如图 11－7 所示。棱镜对不同单色光的折射率不同，折射率由小到大的顺序是红、橙、黄、绿、蓝、靛、紫，所以在棱镜后面的屏上可得到彩色光带，其排列顺序为红、橙、黄、绿、蓝、靛、紫。

图 11－6　彩虹现象

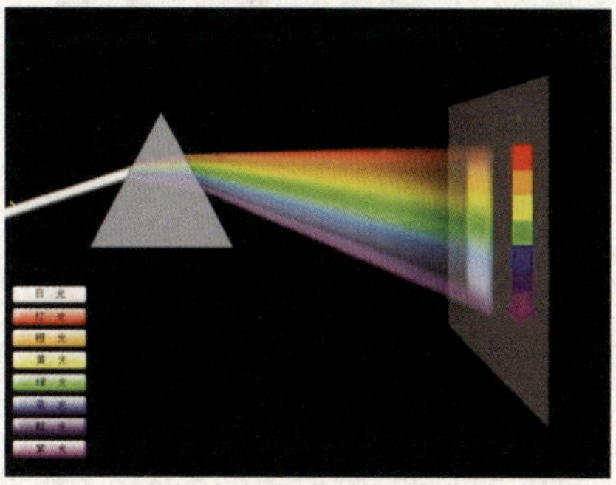

图 11－7　三棱镜色散

了解了上面的光学知识后，我们便可对彩虹现象进行解释了。彩虹是雨后空气中无数的小水珠对太阳光的折射和反射而形成的。下面我们以一个小水珠为例来说明，如图 11－8 所示。一束太阳光 oa 照射到距地面一定高度的小水珠上的 a 点，在小水珠和空气的界面要发生反射和折射。我们只研究某种色光的折射光线 ab，光线 ab 在水和空气的界面上要发生反射和折射，反射光线为 bc，bc 又在水和空气的界面上发生折射和反射，只有折射光线 cd 射向地面。对于照到水珠上的平行单色光来说，入射点不同，它的偏折方向也不同，但它们的反向延长线会相交成像。

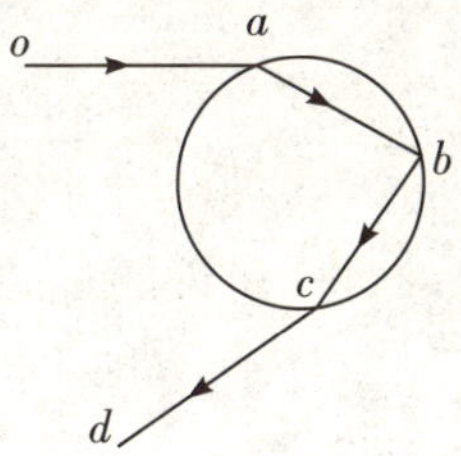

图 11－8　光通过水珠的光路图

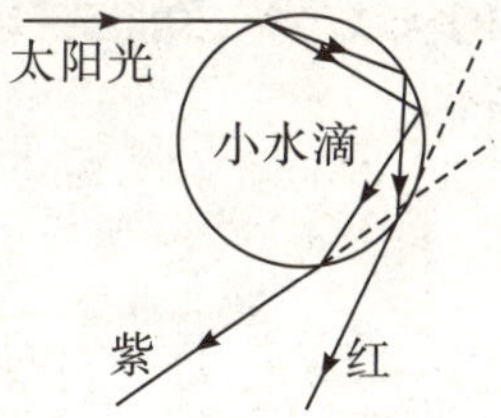

图 11－9　不同光的色散

因为水对不同的色光折射率不同，尽管入射角相同，折射角也不相同，所以不同色光射向地面的角度略有不同，这样就发生了色散现象。人们将看到一条连续分布的弧形彩带，红光的折射率最小，所以两次折射后成像在最上面；紫光的折射率最大，两次折射后成像在最下面，如图 11－9 所示。彩带的颜色分布由外向内的顺序是红、橙、黄、绿、蓝、靛、紫。晴天我们在喷泉的旁边也可以看到同样的彩虹现象。

总之，彩虹现象是太阳光经小水珠或小冰晶折射、反射而引起的一种色散现象，正因如此，有气象经验的人可以根据天空中的某种色散现象来判断空气中水分的情况，以此来推断天气情况。

活动：测定玻璃的折射率

1. **实验目的**

测定玻璃的折射率。

2. **实验原理**

（1）用插针法确定光路，找出和入射光线相应的折射光线。

（2）用量角器测出入射角 i 和折射角 r。

（3）根据折射定律计算出玻璃的折射率。

3. **实验器材**

玻璃砖、白纸 3 张、木板、大头针和图钉各 4 枚、量角器、三角板（或直尺）、铅笔。

4. **实验步骤**

（1）把白纸用图钉固定在木板上。

（2）在白纸上画一条直线 aa' 作为界面，画一条射线 AO 作为入射光线，并过 O 点画出界面 aa' 的法线 NN'，如图 11－10 所示。

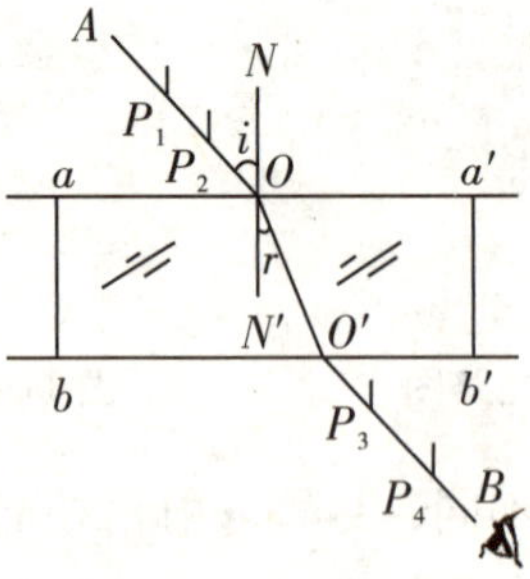

图 11－10　折射光路图

（3）把长方形的玻璃砖放在白纸上，使它的一个长边跟 aa' 重合，并画出玻璃砖的另一个长边 bb'。

（4）在 AO 射线上竖直地插上两枚大头针 P_1 和 P_2。

（5）在玻璃砖的 bb' 一侧竖直地插上大头针 P_3，用眼睛观察调整视线，使 P_3 能同时挡住 P_1 和 P_2 的像。

（6）同样地在玻璃砖的 bb' 一侧再竖直地插上大头针 P_4，使 P_4 能挡住 P_3 本身以及

P_1、P_2的像。

（7）记下 P_3 和 P_4 的位置，移去玻璃砖和大头针，过 P_3 和 P_4 引直线 $O'B$ 与 bb' 交于 O' 点，连接 O 与 O'，OO' 就是玻璃砖内的折射光线的方向，入射角 $i = \angle AON$，折射角 $r = \angle O'ON'$。

（8）用量角器量出入射角 i 和折射角 r 的度数。

（9）从三角函数表中查出入射角和折射角的正弦值。

（10）分别求出入射角是 30°、45°、60°时的折射角，查出入射角和折射角的正弦值，并记录好数据。

5. 数据处理

算出不同入射角所对应的$\frac{\sin i}{\sin r}$的值，并计算$\frac{\sin i}{\sin r}$的平均值。

6. 注意事项

（1）玻璃砖应选用厚度、宽度较大的。

（2）大头针要竖直插，且间隔要大些。

（3）入射角不宜过大或过小，一般在 15°～75°之间。

（4）玻璃砖的折射面要画准，不能用玻璃砖代替直尺画界线。

（5）实验过程中，玻璃砖和白纸的相对位置不能改变。

第十二章
神奇的激光

一、学海拾贝

在日常生活中，我们就可以接触到激光，例如课堂上我们所用的激光笔、计算机或音响组合中用来读取光盘资料的光驱等。在工业上，激光常用于切割或微细加工；在军事上，激光被用来拦截导弹；科学家也利用激光准确地测量了地球到月球的距离，涉及的误差只有几厘米。激光的用途那么广泛，究竟它是如何产生的呢？以下我们将会阐释激光的基本原理。

激光的发展有很长的历史，它的原理早在1917年已被著名的物理学家爱因斯坦发现，但要直到1958年激光才被首次成功制造，但在它问世后，一直作为军事机密存在于秘密军事领域，因此早期的激光被蒙上一层神秘的面纱。

激光英文名是LASER，即Light Amplification by the Stimulated Emission of Radiation的缩写。激光的英文全名已完全表达了制造激光的主要过程。在阐释这个过程之前，我们先了解一下物质的结构，以及光的辐射和吸收的原理。

（一）电子的跃迁

物质由原子组成。原子的中心是原子核，由质子和中子组成。质子带正电荷，中子不带电。原子的外围布满着带负电的电子，绕着原子核运动。有趣的是，电子在原子中的能量并不是任意的。描述微观世界的量子力学告诉我们，这些电子会处于一些固定的"能级"，不同的能级对应于不同的电子能量。如图12－1所示，我们可以把这些能级想象成一些绕着原子核的轨道，距离原子核越远的轨道能量越高。

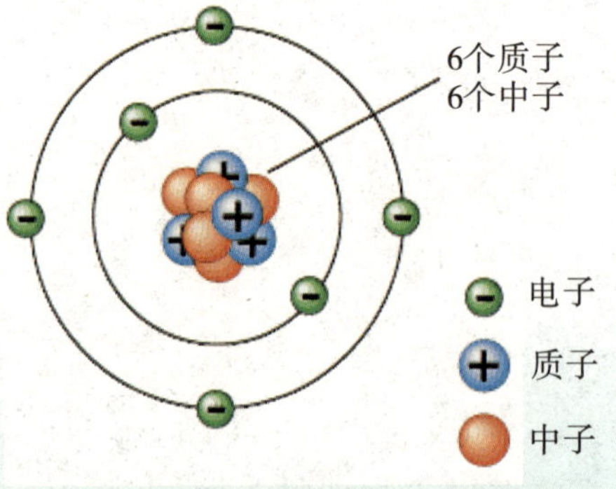

图12－1　碳原子示意图

此外，不同轨道最多可容纳的电子数目也不同，例如最低的轨道（最靠近原子核的轨道）最多只可容纳 2 个电子，较高的轨道则可容纳 8 个电子，等等。事实上，这个简化的模型并不是完全准确的，但它足以说明激光的基本原理。

电子可以通过吸收或释放能量从一个能级跃迁至另一个能级。当电子吸收了一个光子时，它便可能从一个较低的能级跃迁至一个较高的能级；同样地，一个处于高能级的电子也可通过发射一个光子而跃迁至较低的能级，如图 12－2 所示。在这些过程中，电子吸收或释放的光子能量总是与这两能级的能量之差相等。由于光子能量决定了光的波长，因此，只能吸收或释放某一波长的光。

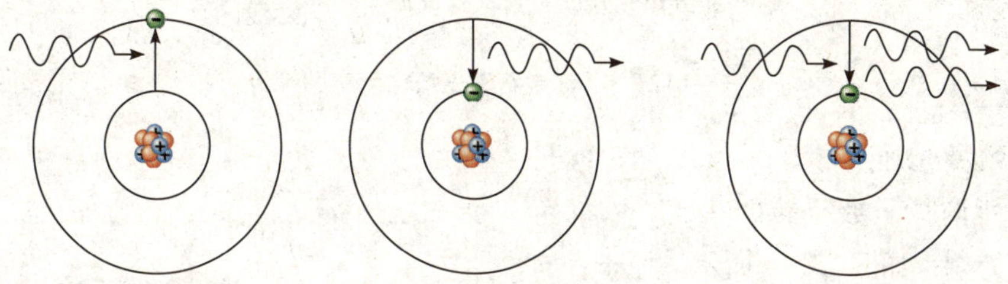

（a）自发吸收　　（b）自发辐射　　（c）受激辐射

图 12－2　电子跃迁示意图

当原子内所有电子处于可能的最低能级时，整个原子的能量最低，我们称原子处于基态。当一个或多个电子处于较高的能级时，我们称原子处于激发态。前面说过，电子可透过吸收或释放能量在能级之间跃迁。跃迁又可分为 3 种形式：

①自发吸收：电子透过吸收光子从低能级跃迁到高能级，如图 12－2（a）所示。

②自发辐射：电子自发地透过释放光子从高能级跃迁到较低能级，如图 12－2（b）所示。

③受激辐射：光子射入物质诱发电子从高能级跃迁到低能级，并释放光子。入射光子与释放的光子有相同的波长和相，此波长对应于两个能级的能量差。一个光子诱发一个原子发射一个光子，最后就变成两个相同的光子，如图 12－2（c）所示。

（二）激光的产生

激光基本上就是由受激辐射所产生的。图 12－3 所示为红宝石激光产生的示意原理图。它由闪光灯、激光介质和两面镜所组成。激光介质是红宝石晶体，当中有微量的铬原子。开始时，闪光灯发出的光射入激光介质，使激光介质中的铬原子受到激发，最外层的电子跃迁到激发态。这时，有些电子会通过释放光子，回到较低的能级。而释放出的光子会被设于激光介质两端的镜子来回反射，诱发更多的电子进行受激辐射，使激光的强度增加。设在激光介质两端的其中一面镜子会把全部光子反射，另一面镜子则会把大部分光子反射，并让其余小部分光子穿过镜子，透射出的光子就形成我们所说的激光。

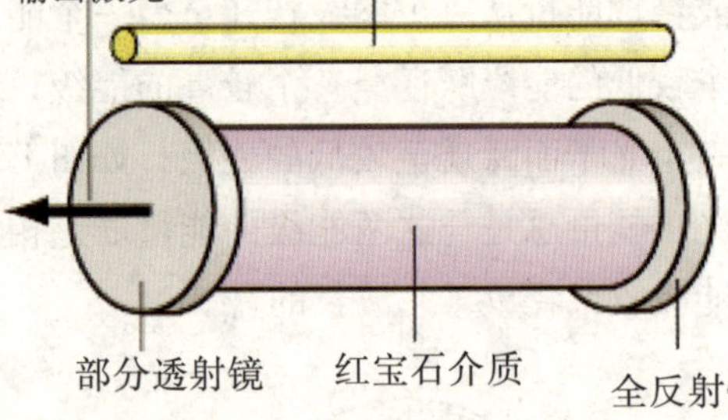

图 12－3　红宝石激光结构示意图

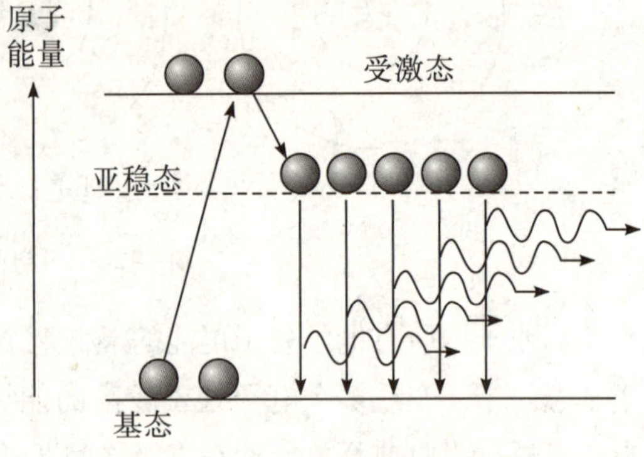

图 12－4　粒子数反转状态

产生激光还有一个巧妙之处，就是要实现所谓粒子数反转的状态。以红宝石激光为例，如图 12－4 所示。原子首先吸收能量，跃迁至激发态。原子处于激发态的时间非常短，大约 10^{-7} 秒后，它便会落到一个称为“亚稳态”的中间状态。原子停留在亚稳态的时间很长，大约是 10^{-3} 秒或更长的时间。电子长时间留在亚稳态，导致在亚稳态的原子数目多于在基态的原子数目，此现象称为“粒子数反转”。粒子数反转是产生激光的关键，因为它使通过受激辐射由亚稳态回到基态的原子比通过自发吸收由基态跃迁至亚稳态的原子多，从而保证了介质内的光子持续增多，这样就可以不断地输出激光。

激光有三大特性：

（1）激光是单色的，在整个产生的机制中，只会产生一种波长的光。这与普通的光不同，例如阳光和灯光都是由多种波长的光合成的，接近白光。

（2）激光是相干的，所有光子都有相同的相，相同的偏振，它们叠加起来便产生很大的强度。而在日常生活中所见的光，它们的相和偏振是随机的，相对于激光，这些光就弱得多了。

（3）激光的光束很狭窄，并且十分

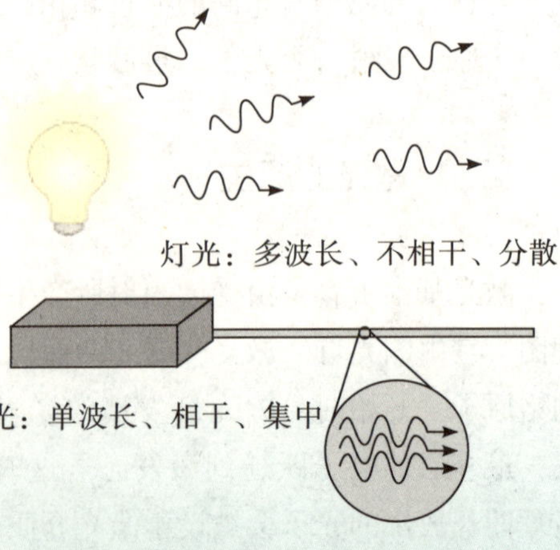

图 12－5　普通灯光与激光比较

集中，所以有很强的威力。相反，灯光的光束分散向各个方向传播，所以强度较弱。

（三）飞秒激光

激光曾被视为神秘之光，现已被广泛使用。近年来，科学家研究发现了一种更为奇特的光——飞秒激光，它在瞬间发出的巨大功率比全世界发电总功率还大。科学家预测飞秒激光将为下世纪新能源的产生发挥重要作用。激光的历史还不到40年，是目前人类观察发现微观世界、揭示超快运动过程的重要手段，而且众多科学技术的研究也因此获得了突破性发展。

飞秒激光是一种以脉冲形式运转的激光，持续时间非常短，只有几个飞秒，一飞秒是10^{-15}秒，也就是1/1 000万亿秒，它是人类目前在实验条件下所能获得的最短脉冲，这是飞秒激光的第一个特点；第二个特点是具有非常高的瞬时功率，可达百万亿瓦；第三个特点是它能聚焦到比头发的直径还要小的空间区域，使电磁场的强度比原子核对其周围电子的作用力还要高数倍。

飞秒激光的这些特性是如何实现的呢？高功率飞秒激光系统由四部分组成：振荡器、展宽器、放大器和压缩器。在振荡器内，利用一种特殊技术获得飞秒激光脉冲；展宽器将这个飞秒种子脉冲按不同波长在时间上拉开；放大器使这一展宽的脉冲获得充分能量；压缩器把放大后的不同成分的光谱再会聚到一起，恢复到飞秒宽度，从而形成具有极高瞬时功率的飞秒激光脉冲。

飞秒激光有什么用途呢？众所周知，物质是由分子和原子组成的，但是它们不是静止的，都在快速地运动着，这是微观物质的一个非常重要的基本属性。飞秒激光的出现使人类第一次在原子和电子的层面上观察到这一超快运动过程。基于这些科学上的发现，飞秒激光在物理学、生物学、化学控制反应、光通讯等领域中得到了广泛应用。值得提出的是，由于飞秒激光具有快速和高分辨率特性，它在病变早期诊断、医学成像、生物活体检测、外科医疗及超小型卫星的制造上都有其独特的优点和不可替代的作用。

高功率飞秒激光在医学、超精细微加工、高密度信息储存和记录方面都有着很好的发展前景；高功率飞秒激光还可以将大气击穿，从而制造放电通道，实现人工引雷，避免飞机、火箭、发电厂因天然雷击而造成灾难性破坏；利用飞秒激光还可以非常有效地加速电子，使加速器的规模得到上千倍的压缩；高功率飞秒激光与物质相互作用，能够产生足够数量的中子，实现激光受控核聚变的快速点火，从而为新一代能源的开发开辟一条崭新的路。

二、生活广角

激 光 笔

激光笔作为一个很方便实用的器材，在生活中有很多的应用。那么这些激光是怎样产生的呢?

它是由固体激光器产生激光。固体激光器一般由激光工作物质、激励源、聚光腔、谐振腔反射镜和电源等部分构成。这类激光器所采用的激光工作物质，是把具有能产生受激辐射作用的金属离子掺入晶体而制成的。在固体中能产生受激辐射作用的金属离子主要有 3 类：①过渡金属离子（如 Cr^{3+}）；②大多数镧系金属离子（如 Nd^{3+}、Sm^{2+}、Dy^{2+} 等）；③锕系金属离子（如 U^{3+}）。通过能量使激光物质发光即可产生激光。

固体激光器由产生的光分为红光激光器、绿光激光器等。

红光激光笔结构最简单，之所以说简单是因为红光激光笔基本上仅是一个由电池提供能源的二极管。红光激光笔轻小且很便宜，应用广泛，如图 12－6 所示。

绿光激光器是使用波长为 808 nm 的红外激光激发非线性晶体，产生 1 064 nm 的红外光，再经倍频产生 532 nm 的绿光。绿光激光笔常被天文学爱好者用于指点恒星和星座的位置。

绿光激光笔可以有多种输出功率。5 mW 使用起来最安全，并且在较暗照明下也可见，所以用来指点目的也不需要更强的功率，如图 12－7 所示。

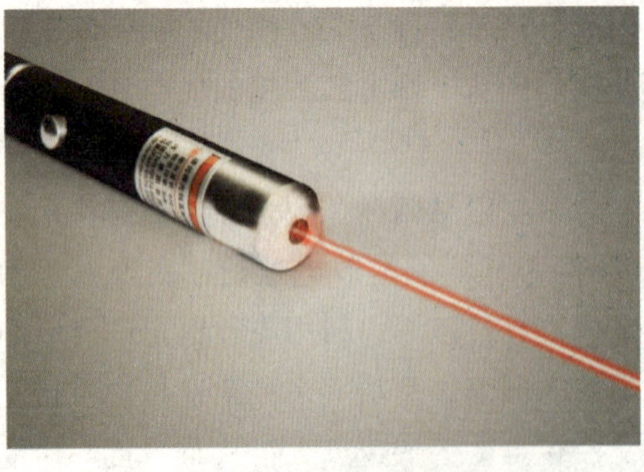

图 12－6　红光激光笔

图 12－7　绿光激光笔

三、科技活动

活动：探究等离子魔幻球

（一）知识链接

等离子球又称“辉光球”“电离子魔幻球”。它的外观为高强度玻璃球壳，球内充有稀薄的惰性气体（如氩气等），玻璃球中央有一个黑色球状电极。球的底部有振荡电路板，通过电源变换器，将 12 V 低压直流电转变为高压高频电压加在电极上。

通电后，振荡电路产生高频电压电场，由于球内稀薄气体受到高频电场的电离作用而光芒四射。由于电极上电压很高，故所发生的光是一些辐射状的辉光，绚丽多彩，在黑暗中非常夺目。

（二）原理

辉光球工作时，在球中央的电极周围形成一个类似于点电荷的场。当用手（人与大地相连）触及球时，球周围的电场、电势分布不再均匀对称，故辉光在手指的周围处变得更为明亮，产生的弧线顺着手的触摸移动而游动扭曲，随手指的移动起舞，如图 12－8 所示。

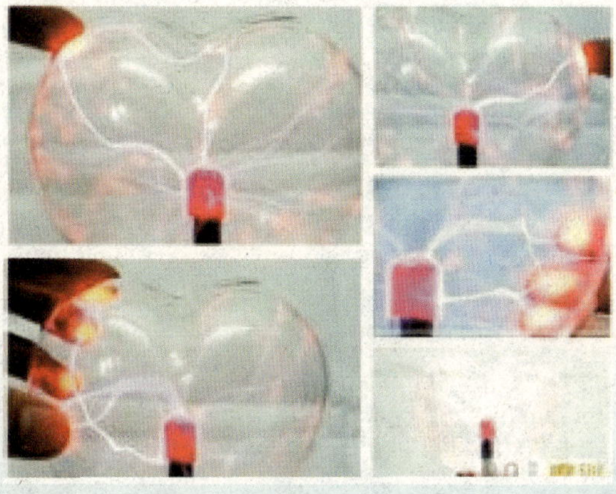

图 12－8　魔幻球随手起舞

（三）探究过程

（1）用手触碰辉光球，观察辉光的明暗变化。

（2）手指在辉光球上移动，观察辉光球弧线的变幻。

（3）控制手指与辉光球的距离，探究距离的变化产生的不同现象。

第十三章
物理与航天

一、学海拾贝

自从牛顿发现万有引力定律后，人类对太空的梦想一步步变成现实。随着火箭的发明，人类终于实现了“飞天”的梦想。下面我们先简单回顾一下人类的航天历程。

（一）人类的航天历程

1957 年 10 月，世界上第一颗人造地球卫星（Sputnik 1）在苏联发射成功，开创了人类探索航天的新纪元，宇宙空间开始成为人类活动的新疆域。

在人类的太空探索中，火箭是必不可少的运载工具，如图 13－1 所示。运载火箭（rocket launcher）是航天运载工具的一种，用于把人造地球卫星、载人飞船、航天站或行星际探测器等送入预定轨道。末级有仪器舱，内装制导与控制系统、遥测系统和发射场安全系统。有效载荷装在仪器舱的上面，外面套有整流罩。它每一级都包括箭体结构、推进系统和飞行控制系统。级与级之间靠级间段连接。

图 13－1　运载火箭发射

第二次世界大战时发明了导弹，战后人们将导弹技术加以改进，发展成了现代意义的火箭。第一枚成功发射卫星的运载火箭是苏联用洲际导弹改装的卫星号运载火箭。到 20 世纪 80 年代，苏联、美国、法国、日本、中国、英国、印度和欧洲空间局已成功研制 20 多种大、中、小运载能力的火箭。世界上主要的运载火箭有“大力神号”运载火箭、“德尔塔号”运载火箭、“土星号”运载火箭、“东方号”运载火箭、“宇宙号”运载火箭、“阿里安号”运载火箭、“N 号”运载火箭、“长征号”运载火箭等。

常用的运载火箭按其所用的推进剂来分，可分为固体火箭、液体火箭和固液混合型火箭 3 种类型。如我国的“长征三号”运载火箭是一种三级液体火箭；“长征一号”运载火箭则是一种固液混合型的三级火箭，其第一、第二级是液体火箭，第三级是固体火箭。

有了运载火箭，人类开始建造能住人的空间站。空间站（Space Station）又称太空站、航天站、轨道站，是一种在近地轨道长时间运行，可供多名航天员巡访、长期工作和生活的载人航天器。空间站分为单一式和组合式两种。单一式空间站可由航天运载器一次发射入轨，组合式空间站则由航天运载器分批将组件送入轨道，在太空组装而成。到现在为止，人类在太空建立的空间站有天空实验室空间站（美国，1973—1974 年，3 名乘员），和平号空间站（苏联/俄罗斯，1986—2000 年，28 名乘员，全部长期停留），国际空间站（International Space Station，ISS）（美国/ESA/日本/俄罗斯/加拿大，2000 年至今，2011 年 4 月为止共有 27 名长期停留乘员），如图 13－2 所示。“天宫二号”（中国，2011 年至今）是人类最新的空间站。

图 13－2　国际空间站

“天宫二号”是继天宫一号后我国自主研发的第二个空间实验室，也是中国第一个真正意义上的空间实验室，将用于进一步验证空间交会对接技术及进行一系列空间试验。

“天宫二号”主要开展地球观测和空间地球系统科学、空间应用新技术、空间技术和航天医学等领域的应用和试验，包括释放伴飞小卫星，完成货运飞船与“天宫二号”的对接等。

“天宫二号”空间实验室已于2016年9月15日22时04分09秒在酒泉卫星发射中心发射成功。2016年10月19日3时31分，“神舟十一号”飞船与“天宫二号”自动交会对接成功。

（二）中国载人航天工程

中国载人航天工程是我国航天史上迄今为止规模最大、系统组成最复杂、技术难度和安全可靠性要求最高的跨世纪国家重点工程，目前由航天员、空间应用、载人飞船、运载火箭、发射场、测控通信、着陆场、空间实验室等八大系统组成。下面我们重点来介绍与我们联系最紧密的载人飞船、运载火箭与空间站。

图13－3　神舟飞船

我国的载人飞船有个神奇的名字——“神舟”，如图13－3所示。“神舟号”载人飞船采用轨道舱、返回舱和推进舱组成的三舱方案，额定乘员3人，可自主飞行7天，具有出舱活动和交会对接功能，可与空间实验室和空间站进行对接并停靠飞行半年。

而让国人引以为傲的“长征号”系列火箭，据统计，它是世界上最安全的火箭，多次完成国际发射任务。这其中，满足载人航天要求的大推力“长征二号”F型运载火箭如图13－4所示。科学家对长征系列运载火箭进行了多方面改进设计，控制系统采用冗余技术，增加了故障检测、逃逸救生等功能，增加了运载火箭的可靠性、安全性。

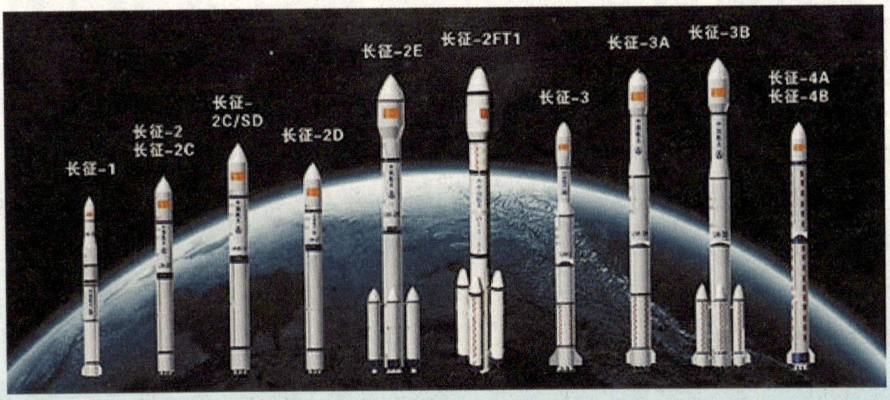

图13－4　长征系列火箭

我们现阶段正在进行的是建造包括具有交会对接功能的8吨级目标飞行器“天宫二号”站空间站，如图13－5所示为我国未来空间站的样子，它将成为我国太空开发利用的空间科学实验平台。

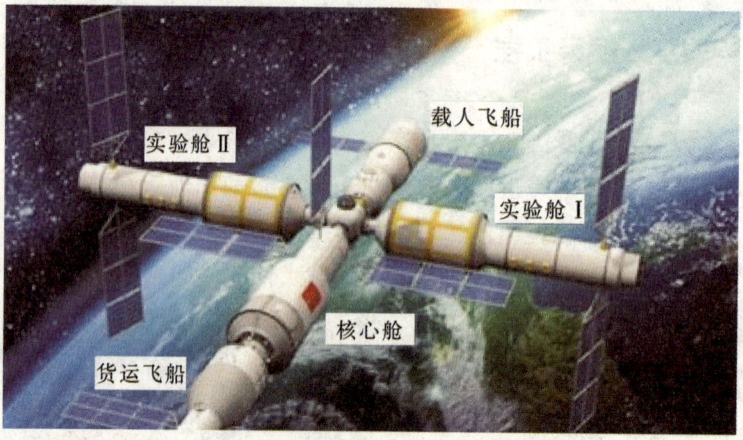

图13－5　“天宫二号”太空站

二、生活广角

（一）汉代“翼装侠”——人类最早的翼装飞行

古代中国人还曾设想像鸟儿那样有一双翅膀，在天空自由翱翔。这个设想放在现代，便是危险性极大、挑战性极强的翼装飞行运动。翼装飞行是人类飞天梦想的具体行动，现在仍为不少西方人所喜爱。目前翼装飞行最厉害的是一位名叫杰布·科里斯的美国运动冒险家，人称“翼装侠”，他于2011年9月成功飞越了中国张家界天门洞，轰动一时。

其实，人类最早的翼装飞行出现于中国，有记载最早的“翼装侠”，是中国西汉末年人，借人工翅膀飞行。因史书上只载其事，未记其名，让他成了一位无名“翼装侠”。据《汉书·王莽传》记载，时王莽篡位建立了新朝，北方匈奴时常犯边作乱，王莽遂下令招募类似如今特种兵的抗敌勇士，有本事者可以破格委以重任。一时间，很多身怀绝技的人前来自荐。一名男子自称能飞，日行千里，很适合做侦察兵。王莽让他当场试飞。只见此人把鸟羽制成的两只人工翅膀紧绑在身上，双脚弹地飞起，飞行数百步远才落下来。

虽然此次飞行只有数百步，但却是中国飞天尝试中的又一重要事件。虽然最后王莽觉得他的技术华而不实，只给了奖励并委任其为“理军”，但此技术并未得到重视和发展。西汉的这位“翼装侠”尽管是位无名氏，但这并不影响我们将他列入中国古代航天人的名单中。

（二）宋代发明“火箭法”——最早发明的火箭技术

宇宙飞船能飞上天，离不开火箭的助推。可以说，是火箭帮助地球人圆了航天之梦。世界上最早的火箭是谁发明的？正是中国宋朝一位名叫冯继升的人。

有人认为，宋人发明的这种火箭（如图 13－6 所示）只是一种兵器，不能算是现代火箭的雏形，真正的发明时间应从南宋中叶算起。当时出现了一种“烟火”，制造原理与现代火箭是一样的，都是借助燃料燃烧时喷出气体的反作用力而升天。特别是被称为“走线流星”的烟火，结构与现代的火箭最为接近，在药筒上绑一根芦苇或竹签，作为稳定和定向的装置。

图 13－6　宋代的火箭

（三）明代万户“飞天”——最早的固体火箭升空尝试

在航天飞行中，能够载人飞行才标志着一国航天技术的先进和成熟。现代载人航天距今只有几十年时间，而早在中国明代就已经出现了这样的载人飞行试验。这个航天人名叫“万户”，原本是个富家子弟，和大名鼎鼎的明熹宗朱由校一样从小酷爱木工。所不同的是他喜欢钻研，热衷进行技术改良并发明了一系列武器，如刀、枪、箭、炮等。

美国人对万户就非常崇拜，他们的专家是这样记述中国古代这位航天人的航天事迹的：约 14 世纪末，有一位中国的官吏叫万户，他在一把座椅的背后，装上 47 枚当时可能买到的最大火箭。他把自己捆绑在椅子的前边，两只手各拿一个大风筝。然后他叫仆人同时点燃47枚大火箭，如图13－7所示，其目的是想借火箭向上推进的力量，加上风筝上升的力量飞向高处。

图13－7　万户飞天场景

遗憾的是，万户的这次尝试最后以失败告终，万户升空不久即摔下丧生，他也因此成为古代中国乃至世界为航天事业献身的第一人。

三、科技活动

活动：制作水火箭

1. 材料箱

水，饮料瓶，气门嘴，橡皮塞，三四个可乐瓶。

2. 工具箱

打孔器，剪刀，小刀，透明胶，502胶水。

3. 制作步骤

（1）制作水火箭的头部：用有弹性的橡胶做头部，在落地时能吸收冲击力，起缓冲作用保护水火箭，如图13－8所示。

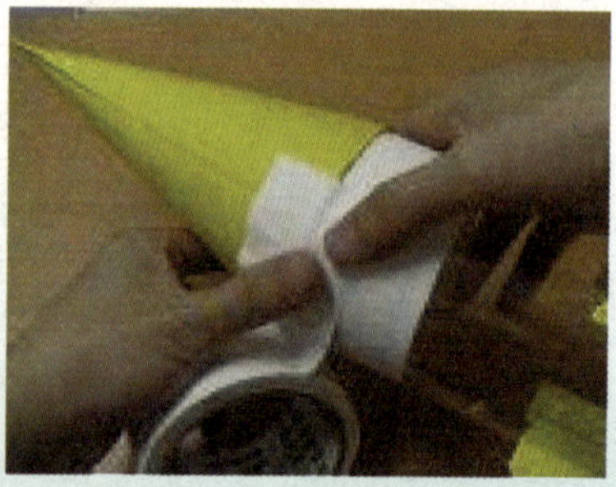

图13－8　制作火箭头

（2）制作水火箭接口：水火箭接口是火箭发射的关键部位，如果接口能够承受较大的压力，火箭就能飞得更远，如图 13－9 所示。

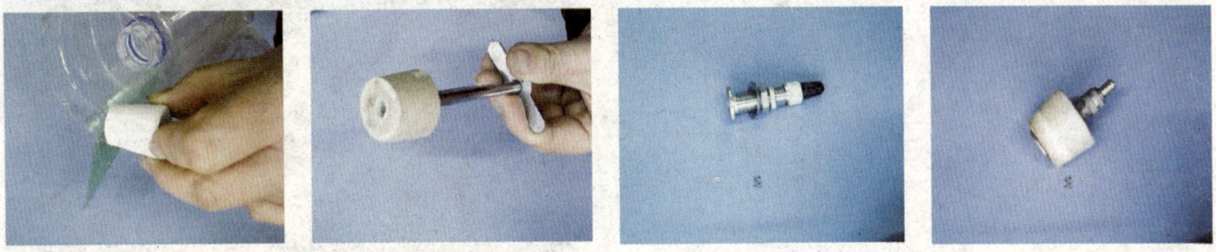

图 13－9　制作接口

①首先找一个与火箭瓶口配套的软的橡皮塞；

②找与气门嘴匹配的打孔器钻孔；

③把在修自行车的小店里买回的气门嘴装在打好孔的橡皮塞里，注意拧紧，不能漏气。

（3）制作压力仓：火箭的本体，从火箭下部的开口注入水和空气，使火箭内部增压。因压力会逐渐增强，所以需固定牢实。

（4）制作火箭翼：由于水火箭要像真正的火箭一样向前飞行，所以机翼是必不可少的，务必使用稍硬的材料（纸板）并粘牢，如图 13－10 所示。

图 13－10　制作火箭机翼

（5）制作发射台：压力仓注入水、充入空气后，连接部下沉。打开锁，将水火箭发射出去，如 图 13－11 所示。

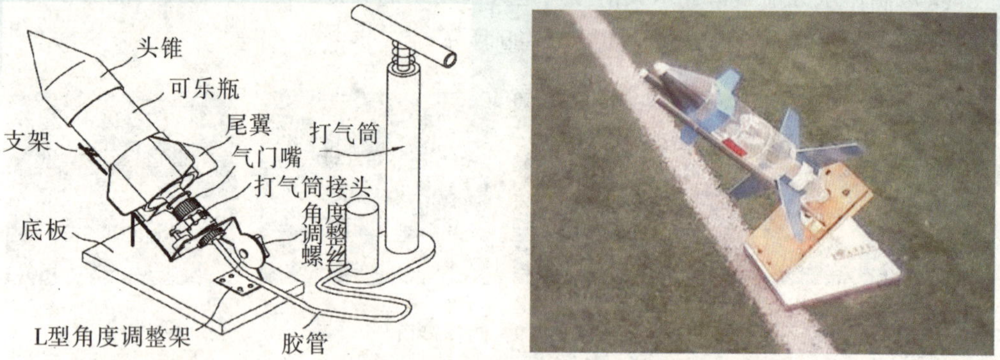

图 13－11　制作发射台

图 13－12　水火箭发射现场